LACAN AINDA

Betty Milan

LACAN AINDA

testemunho de uma análise

3ª reimpressão

Grafia atualizada segundo o Acordo Ortográfico da Língua Portuguesa de 1990, que entrou em vigor no Brasil em 2009.

Capa e imagem
Violaine Cadinot

Revisão
Jane Pessoa
Thiago Passos

Dados Internacionais de Catalogação na Publicação (CIP)
(Câmara Brasileira do Livro, SP, Brasil)

Milan, Betty
Lacan ainda : testemunho de uma análise / Betty Milan. — 1ª ed. — Rio de Janeiro : Zahar, 2021.

ISBN 978-65-5979-019-7

1. Lacan, Jacques, 1901-1981 - Psicologia 2. Memórias 3. Psicanálise I. Título.

21-64247 CDD: 150.195

Índice para catálogo sistemático:
1. Lacan, Jacques : Psicanálise 150.195

Aline Graziele Benitez – Bibliotecária – CRB-1/3129

[2022]

EDITORA SCHWARCZ S.A.
Praça Floriano, 19, sala 3001 — Cinelândia
20031-050 — Rio de Janeiro — RJ
Telefone: (21) 3993-7510
www.companhiadasletras.com.br
www.blogdacompanhia.com.br
facebook.com/editorazahar
instagram.com/editorazahar
twitter.com/editorazahar

À memória de Jacques Lacan

DOCTEUR JACQUES LACAN

ANCIEN CHEF DE CLINIQUE À LA FACULTÉ

5, RUE DE LILLE, VIIE

LITTRÉ 30-01 SUR RENDEZ-VOUS

à D. a. Elizabeth MILAN

Entendu, chère Madame, je prends mes dispositions dès maintenant pour vous reçevoir à votre gré.

Croyez-moi vôtre

J. Lacan

P;S - Précisez-moi dès que vous le pourrez la date(précise)de votre arrivée.

Ce 24.I.73

DOCTEUR JACQUES LACAN
ANCIEN CHEF DE CLINIQUE À LA FACULTÉ
5, RUE DE LILLE, VIIe
260-72-93 SUR RENDEZ-VOUS

à la Préfecture de police

Je soussigné souligne que Madame Betty Milan est venue du Brésil pour suivre l'enseignement distribué par l'École freudienne de Paris dont je suis le directeur. Ceci depuis novembre 1973

Son assiduité à cet enseignement impose qu'on lui permette – c'est là l'objet de ce certificat – la prolongation de son séjour

J. Lacan

le 4. II - 77

Me chamavam de obscuro e eu habitava o clarão.

Saint-John Perse

Sumário

1. Preliminares

Fiz análise com Lacan nos anos 1970. Na época, um editor francês me pediu que escrevesse sobre ela. O *sobre* me assustou e eu não consegui. Não tinha a distância suficiente para dar meu testemunho. A transferência era grande demais. Precisamente por isso, escrevi um romance, *O Papagaio e o Doutor*, cuja heroína rememora a sua história com um analista de quem ela quer se separar. Quatro décadas depois, fui tomada pelo desejo de voltar ao número 5 da Rue de Lille, onde, entre outras coisas, eu aprendi a valorizar o momento oportuno.

A análise com Lacan não me curou definitivamente da angústia, mas mudou a minha vida. Me permitiu aceitar as minhas origens, o meu sexo biológico e me tornar mãe. Isso, por um lado, aconteceu graças ao interesse real dele pela mudança. Por outro, graças à maneira como trabalhava e que, ainda hoje, causa indignação. Vou focalizar essa maneira de trabalhar, me debruçando sobre a análise que eu fiz com ele. Mas antes quero dar um exemplo muito significativo. Recentemente, num grupo de intelectuais, um deles manifestou sua indignação ante uma das sessões de um conhecido que fizera análise com Lacan na década de 1960.

Despercebidamente, o conhecido, que já estava no divã, passou do francês para o português sem que Lacan interviesse. Deixou o analisando falar, durante um bom tempo, sem compreender o que ele dizia e, de repente, levantou cortando a sessão com *Até a próxima*. Como nada do que foi dito podia ser interpretado, é forçoso concluir que, para Lacan, a passagem inesperada do francês para o português importava mais do que o significado do discurso do analisando.

Quem sabe da importância da língua para Lacan, à qual ele se referia falando do "tesouro da língua", não estranha isso. Mas pode se perguntar de que serviu a sessão. O silêncio do Doutor, seguido do corte abrupto, serviu para reconhecer o desejo do analisando, o de falar na língua materna, dando assim sentido à ideia de que o desejo é o desejo de reconhecimento.

Foi em torno da questão da língua que a minha análise com ele girou entre 1973 e 1977, anos de grande efervescência na vida intelectual parisiense com a presença de Michel Foucault, Michel Serres, Gilles Deleuze, Jacques Derrida... Lacan fazia o seu célebre seminário na Faculdade de Direito, Place du Panthéon, num grande anfiteatro no qual quem chegasse cedo guardava lugar para os outros. Na fila da frente, sentavam os familiares e os discípulos mais próximos do mestre, que, por sua vez, só entrava quando o espaço estava lotado. No inverno, com um casaco de vison preto que reluzia tanto quanto a sua cabeleira branca, particularmente bem cuidada. A entrada de Lacan era uma aparição e, pouco a pouco, o silêncio se instalava. O mestre ia falar e cada palavra seria acolhida com o maior interesse. Mesmo quando o discurso não era inteligível. Lacan, por sinal, pouco se importava com a inteligibilidade imediata. Fazia valer o *Nachträglich*, conceito freudiano traduzido em francês por *après coup* e em português por *só depois*. O *Nachträglich* significa que certos fatos só podem ser entendidos depois da sua ocorrência — e estava na base da prática de Lacan, tanto no seminário quanto na clínica.

O seminário era endereçado aos que podiam esperar para saber: psicanalistas e intelectuais de outras áreas interessados no desenvolvimento da teoria analítica. Por essa razão, Lacan foi injustamente considerado elitista. Como podia um mestre, cuja prática requeria a maior paciência, se sujeitar, no seu ensinamento, aos imperativos da comunicação? Lacan ensinava à maneira dele — diferente da preconizada pelos professores e comunicólogos, cuja transmissão é necessariamente clara por ser a expressão de um saber já constituído. Para Lacan, o *não saber* era tão importante quanto o saber, e ele se expunha descobrindo o caminho em público. Fez isso em todos os seus seminários — de 1953 a 1980. Como para lembrar Antonio Machado

al andar se hace camino
y al volver la vista atrás
se ve la senda que nunca

se ha de volver a pisar
caminante no hay camino
*sino estelas en la mar.**

O *Nachträglich* também estava na base da clínica do Doutor. Cortava a sessão sem explicação alguma, confiando no analisando, na sua possibilidade de descobrir sozinho a razão do corte. Incitava o outro a se analisar. *Vai e volta para me dizer o que você descobriu. Vai e decifra o enigma da tua própria história.* Isso explica a substituição da palavra *paciente* por *analisando.* A posição do paciente é a de quem espera. Já a do analisando é a de quem está fazendo análise, como o gerúndio indica.

Nesse contexto, a cura analítica tanto dependia do analista quanto do analisando e a sessão não existia sem a rua. No meu caso, sem a caminhada do número 5 da Rue de Lille até a Rue de la Harpe ou, como num lapso meu, do Quartier Lacan ao Quartier Latin. Na caminhada, eu pensava no que havia sido dito e frequentemente fazia alguma descoberta que me certificava da importância do trabalho. Com o meu *eureka*, a autoestima aumentava e o desejo de uma nova sessão se impunha.

Lacan sustentava a transferência com o corte, um recurso eficaz porque transfere para o analisando o poder de analisar.

---

* Em tradução livre: "O caminho a gente faz ao andar/ Ao se virar para trás/ Vê-se a senda que nunca/ Se voltará a pisar/ Caminhante, não há caminho/ Só rastros de espuma no mar".

Noutras palavras, autoriza a saber de si. O corte evita a resistência à análise, que a interpretação do significado do discurso do analisando pode provocar.

E como a interrupção da sessão era função do discurso e não do tempo do relógio, não era possível respeitar a regra da sessão de 45 minutos estabelecida pela Associação Internacional de Psicanálise (IPA). Assim que o essencial fosse dito, a sessão estava encerrada e o analista havia cumprido a sua função. A principal razão pela qual, em 1953, ele foi convidado a se demitir da IPA é esta. Banido "por desvios técnicos".

No mesmo ano, escreveu "Função e campo da palavra e da linguagem em psicanálise" para justificar a interrupção da sessão. Um dos seus analisandos só falava da arte de Dostoiévski, desperdiçando o tempo com racionalizações infindáveis. Lacan interrompeu o seu discurso e, na sessão seguinte, foi uma fantasia de gravidez anal que surgiu... uma gravidez que se resolvia pela cesariana. O corte teve como efeito a suspensão de uma fala encobridora e deu à luz uma palavra plena.

Lacan queria que a análise se fizesse. Desautorizava o desperdício e por isso se recusou a trabalhar com o tempo do relógio, que permite tanto ao analista quanto ao analisando não fazer o esperado. Não era o tempo cronológico, o tempo linear de Cronos, que o guiava e sim o tempo de Kairós, o do momento fugaz em que uma oportunidade se apresenta e deve ser aproveitada, para que o sucesso seja alcançado.

Na trilha de Kairós, Lacan subverteu a psicanálise a fim de que ela tivesse a virulência dos primórdios. Não era a pontualidade do analista mas a sua prontidão que contava. Noutras palavras, não era suficiente ter feito a formação e ser reconhecido pelos pares. A cada sessão, o analista era obrigado a dar a prova da sua competência.

A reviravolta foi tamanha que a IPA convidou Lacan a se demitir, e o seu ensino foi objeto de uma censura pouco comum, pois chegou a ser proscrito. Lacan comparou essa censura à excomunhão maior de que Espinosa foi vítima no século XVII.

QUANDO LACAN FALECEU, em 1981, coloquei como epígrafe, no obituário escrito para o jornal, um verso de Saint-John Perse: "Me chamavam de obscuro e eu habitava o clarão". Lacan iluminou o meu caminho, possibilitando que uma descendente de imigrantes libaneses, vítima da xenofobia e da autoxenofobia, pudesse se aceitar.

Não fiz a análise para escrever e sim para me curar de mim, ainda que depois a relação com a escrita tenha se intensificado. Durante a Faculdade de Medicina, publiquei meu primeiro artigo na grande imprensa, e a colaboração nunca parou.

Não me lembro de tudo que aconteceu na análise. Porém, do que foi decisivo, eu não me esqueço. De certos fatos eu tenho inclusive uma memória fotográfica. Como a do Doutor parado na porta da sala de espera para chamar o próximo analisando. Olhava para um, para outro, hesitava um tempo, chamava com a mão e depois, já de costas, se dirigia ao consultório.

Mais de um analisando falou do impacto da sessão sem analisar o motivo do mesmo. Ou porque a transferência não tivesse acabado ou por não ser fácil passar da posição do analisando — que deve associar livremente e deixar o analista interpretar — para a posição de quem analisa a interpretação. A passagem também implica a revelação de fatos que o analisando nem sempre deseja ou pode fazer. Muito do que é dito só é possível porque o analista se compromete a não revelar nada. Me lembro ainda da sessão em que, para me tirar do silêncio, Lacan me assegurou:

— Nada do que você disser sairá daqui

O analista não pode falar do que ouviu, sob pena de ser considerado um traidor. Mas o analisando tem a liberdade de testemunhar, e os que se tornaram analistas supostamente não o fazem para não se despojar da aura de mistério que, no imaginário deles, é preciso conservar, a fim de exercer o ofício. O testemunho, no entanto, é importante para a transmissão da prática, que se perpetua apesar dos tantos que se opõem à psicanálise e da oposição contínua entre os analistas das diferentes instituições.

Trabalhei sistematicamente com Lacan há décadas. Mas, só agora, me pergunto como ele tornou possível uma análise quase impossível. Digo isso por eu não ter na época a desenvoltura necessária no francês e, paradoxalmente, não querer de fato me analisar. Se eu não tivesse tido que me retirar da Sociedade Brasileira de Psicanálise (SBP) com outros candidatos considerados inoportunos pela irreverência, é provável que não fosse para a França. O que eu queria mesmo, depois do ocorrido na SBP, era ser reconhecida como psicanalista no exterior, a fim de exercer depois no Brasil. Desde os dezoito anos, ao entrar na Faculdade de Medicina da Universidade de São Paulo, a psicanálise estava no centro dos meus interesses. Sempre que possível, eu ficava na biblioteca da faculdade para ler Freud.

Por Lacan ter se oposto à IPA, à qual a SBP era filiada, eu me identificava com ele. Mas o fato de o Doutor ser francês também contou. Por uma razão inconsciente, sobre a qual vou me debruçar longamente, mas também pela admiração dos intelectuais brasileiros pelos franceses na época em que eu me formei.

A RELAÇÃO ENTRE O BRASIL E A FRANÇA data do século XVI. O Brasil foi objeto da cobiça de Villegaignon, que se estabeleceu na baía de Guanabara e fundou, em 1555, a França Antártica, posteriormente erradicada pelos portugueses. A partir de então, o país se tornou um tema literário e filosófico dos franceses.

Jean de Léry, que esteve na França Antártica, publicou em 1578 *A viagem à terra do Brasil*, uma pequena obra-prima sobre a sua experiência com os antropófagos. O autor acusa os franceses de serem mais bárbaros do que os canibais, evocando o massacre dos protestantes em Paris, na Noite de São Bartolomeu.

Montaigne, que em 1562 encontrou três tupinambás em Rouen, escreveu *Des cannibales*, afirmando que os europeus eram mais cruéis do que os índios. Ao contrário dos tupinambás, torturavam os prisioneiros antes de matar. Primeiro enterravam até a cintura e atiravam flechas na parte exposta do corpo para, só depois, enforcar. A comparação entre os portugueses e os índios levou o escritor a criticar o etnocentrismo europeu, opondo-se à ideia de que os bárbaros eram os índios. Também por essa razão, Montaigne é uma referência dos intelectuais brasileiros.

No século XVIII, as ideias do Iluminismo francês, trazidas para o Brasil por jovens formados na Europa, influenciaram os inconfidentes mineiros, que se rebelaram contra Portugal reivindicando a independência. Não era mais possível pagar os impostos exigidos pela Coroa, que ameaçava cobrá-los com a força das armas.

No século XIX, durante o reinado de dom João VI no Brasil (1808-1822), Luís XVIII enviou para o Rio de Janeiro a Missão Francesa, que introduziu o sistema de ensino superior acadêmico e teve papel importante na formação cultural do novo país. Além de retratar a vida cotidiana, através de um sem-número de aquarelas, Jean-Baptiste Debret escreveu *Viagem pitoresca e histórica ao Brasil*, que continua a ser uma referência.

No século XX, a França continuou presente no Brasil graças a uma segunda missão decisiva, composta de jovens professores que ajudaram a fundar a Universidade de São Paulo, nos anos 1930. Dessa missão fizeram parte Claude Lévi-Strauss e Fernand Braudel. Depois da Segunda Guerra Mundial, começou um programa intensivo de intercâmbio entre os dois países. Nos anos 1960, o sociólogo Fernando Henrique Cardoso — que se tornaria presidente da República de 1995 a 2002 — foi convidado a ensinar na Sorbonne.

A Universidade de São Paulo recebeu filósofos, historiadores e antropólogos que se tornaram célebres. Entre eles, Michel Foucault, que esteve oficialmente cinco vezes no Brasil, entre 1965 e 1976, e cuja presença não se limitou ao espaço das conferências. Ia a festas e não perdia a oportunidade de se expor ao sol de sunga, antecipando a moda no país.

OUVI FALAR DE LACAN, em São Paulo, em 1968. Foi numa reunião de intelectuais de esquerda, onde estava um psicanalista francês que não quis comentar os eventos de Maio de 68 e só falou de Lacan e da sua teoria. Para ele, a modernidade não estava nas ruas e sim no número 5 da Rue de Lille. Saí da reunião convencida e disposta a descobrir a relação da psicanálise com a linguística e o que era o tal *sujeito do significante*, da maior importância na teoria lacaniana.

Com alguns outros interessados, formei um grupo para decifrar os *Escritos*, meta que nós obviamente só atingíamos com dificuldade, imaginando que era por se tratar da língua francesa quando era pela língua de Lacan. Nesse particular, ele pode ser comparado a Joyce, que, não tendo como escrever em gaélico — uma língua morta — e não querendo escrever no idioma do Império britânico, inventou no inglês uma língua própria. Uma língua ouvida todo ano no Bloomsday, dia no qual os irlandeses celebram o *Ulysses*, evocando nas ruas, nos teatros e nos bares episódios da vida de Bloom, o protagonista do romance.

Como Joyce, Lacan inventou a sua língua e introduziu na teoria um conceito novo, *lalangue*, que diz respeito à língua de cada um e da qual frequentemente só o escritor tem consciência. À sua maneira, o mestre era um poeta e a relação que ele via entre a psicanálise e a poesia se tornou evidente quando disse, num dos seus seminários (1977), que não era suficientemente poeta para ser um grande analista.

Depois da residência em psiquiatria no Brasil, consegui, através de um colega, o endereço de Lacan em Paris. Na época, a grande novidade no meu campo de trabalho era a transformação do asilo psiquiátrico numa comunidade terapêutica, e eu havia encontrado em São Paulo o homem que idealizou a transformação, Maxwell Jones. Trocamos uma breve correspondência e eu me organizei para visitar a comunidade criada por ele em Melrose, na Escócia. Com o projeto de ir depois à França, encontrar talvez Lacan. Digo *talvez* porque o encontro não havia sido agendado e era improvável que um psicanalista da importância dele me recebesse de improviso.

Da Escócia, eu fui a Paris, onde fiquei num hotel da Rue des Écoles. Telefonei várias vezes para o número de Lacan que eu tinha e a resposta era sempre *Não tem doutor nenhum aqui.* O companheiro, também psiquiatra, sugeriu que fôssemos até o consultório dele.

Como não havia placa nenhuma na porta do prédio, esperamos até que alguém saísse e pudesse nos informar. Quem apareceu foi uma mulher completamente ensimesmada. Possível que ela tivesse acabado de sair da sessão.

— Pode, por favor, me dizer o andar do Lacan?

— O quê? Não entendi

— Onde fica o consultório do Doutor Lacan?

— Primeiro andar

Sem mais, a mulher virou o rosto e seguiu pela rua com os seus pensamentos. Nós subimos e eu ousei tocar a campainha, o coração batendo acelerado.

Atendeu a eterna secretária do Doutor, Gloria, que disse *Bom dia*, com um pequeno sotaque estrangeiro.

— Não consegui marcar uma hora antes de vir aqui

— Como assim?

— O número do telefone que me deram no Brasil deve estar errado...

— Brasil?

Gloria arregalou os olhos, esboçou um sorriso e, sem perguntar mais nada, nos encaminhou à sala de espera. Lacan apareceu na porta, olhou cada um de nós, sorriu e fez um gesto particularmente acolhedor para entrarmos.

Apesar do governo militar, das prisões que se sucediam e da tortura no Brasil, eu não pensava em viver fora. Como os outros conterrâneos, eu era apegada ao país. Só fui ter com Lacan a fim de pedir que ele indicasse um analista francês para trabalhar com o grupo de São Paulo, dar um seminário e ensinar a teoria lacaniana. Um pedido típico de uma pessoa originária de uma cidade onde tudo sempre pareceu possível. Até em trazer o mar do litoral para São Paulo, os paulistas, no auge da sua riqueza, pensaram.

Antes de fazer o pedido, eu expliquei que só não havia marcado uma hora porque o telefone não funcionava.

— Mas se o telefone não funcionava, por que você não veio logo para cá?

A pergunta me deixou perplexa. Como podia eu ir sem autorização prévia? De saída, ele me deu a entender que eu podia — por que não? — ter feito o que desejava. Valorizou o desejo e não o imaginário da jovem estrangeira, que se tomava por Nemo. Com um sorriso e uma frase, ele me conquistou.

Ato contínuo, quis saber de onde nós eramos.

— São Paulo

— Do Brasil! — exclamou ele enfaticamente.

Valorizou a origem e mostrou assim o seu interesse. Valeu-se, como faria noutras ocasiões, de um recurso teatral. E, como quem havia respondido era eu e não o companheiro, ele passou a falar comigo.

— Os seus antepassados também são brasileiros?

— Os avós são libaneses... do lado do pai e da mãe, imigrantes

— Interessante... Os seus avós foram para o Brasil quando?

— No fim do século passado para escapar da guerra e também no começo deste século

— Você? Você faz o quê?

— Sou psiquiatra. Já fiz análise e agora estudo Lacan

— Verdade?

— Temos, em São Paulo, um grupo que lê os *Escritos*. Apesar da dificuldade, já fizemos a travessia do primeiro texto, "A carta roubada". Queremos convidar um analista francês indicado pelo senhor... Trouxe uma carta dos colegas

Dei a carta, em que ele bateu os olhos para logo pôr em cima da sua mesa.

— Ótimo. Volte amanhã e me diga quais as condições do convite ao analista

Com isso, ele levantou e nos indicou a porta.

Não saí do consultório como havia entrado. Tendo me induzido a falar das minhas origens, Lacan me remeteu à história sonegada pelos meus ancestrais. Para eles, a integração dos descendentes dependia do esquecimento do passado. Graças ao interesse do Doutor, me senti autorizada a ser neta de imigrantes, podendo dizer a verdade sobre as minhas origens que, desde a adolescência, eu procurava não revelar. Noutras palavras, saí sem ter vergonha de ser quem era. Só não digo que fui *arrebatada*, pois quem arrebata arranca o outro do seu lugar, tira com violência, e eu já desejava voltar ao número 5 da Rue de Lille. Isso não passou despercebido a Lacan, cujo desejo de analisar não arrefecia.

Não foi por acaso que ele insistiu na importância do *desejo do analista* para a eficácia da cura. Além de ter introduzido a ideia da *resistência do analista* quando só se falava da *resistência do paciente*, a quem era atribuída toda e qualquer dificuldade no processo.

VOLTEI NO DIA SEGUINTE com o companheiro que, na verdade, me servia de escudo. Como ninguém vai ver o analista acompanhado, a presença dele era a prova de que eu só estava no consultório em função do convite. Mas, dessa vez, ao aparecer na porta, Lacan olhou só para mim e disse:

— Venha, minha cara

Venha, e eu entrei decidida a falar sobre as condições do convite.

— O analista indicado pelo senhor ensinaria a sua teoria num seminário organizado por nós

— Hmm

— Tudo pago pelos participantes

— Bem, então volte amanhã e me traga isso por escrito

Com o *Volte amanhã*, ele me introduziu no ritmo do trabalho analítico, cuja via eu secretamente desejava. Se valeu do imperativo — *volte* — e do ritmo para viabilizar a análise. Ou seja, da palavra e do tempo, os dois recursos que Lacan privilegiava. Daí a importância dos textos "Função e campo da fala e da linguagem em psicanálise" e "O tempo lógico e a asserção da certeza antecipada", nos *Escritos*.

Fui ainda uma terceira e última vez ao número 5 da Rue de Lille em 1973. Mas agora para dizer a Lacan que eu desejava me analisar com ele. Retrospectivamente, posso considerar que o ocorrido naquele ano corresponde a uma primeira etapa da minha análise, à chamada *etapa preliminar*.

Alegando a necessidade de terminar uma tese de doutoramento no Brasil, me comprometi a voltar, dentro de dois anos, a Paris e ficar quatro meses. Podia o prazo de dois anos ser longo, o que importava era a palavra dada e Lacan se despediu com:

— Sobretudo não deixe de me escrever

Além de manifestar o desejo de não me perder de vista, me deu a liberdade de voltar quando eu desejasse. Ou seja, *a sua data será a minha*, o que me faz pensar no trovador — chamava a dama de *suzerana* e se dizia seu *servidor*. Podia eu, que era originária de um país machista, não apostar na nova perspectiva?

Só bem depois eu entendi o procedimento de Lacan, na primeira etapa da análise. O Doutor valorizou o pedido explícito — o de me indicar um analista que pudesse ir ao Brasil —, para que o meu desejo inconsciente aflorasse. Tratou o pedido como se fosse o conteúdo manifesto de um sonho, cujo significado precisa ser descoberto e requer as associações de quem sonhou.

Decerto, ele só fez isso por ter desejado que eu me tornasse sua analisanda. Expressou o desejo através do *Por que você não veio logo*, do *Volte amanhã* e do *Sobretudo não deixe de me escrever.* Deu a entender claramente que o meu engajamento na análise com ele era importante, e, por ter procedido assim, a ideia de atravessar mais uma vez o oceano para trabalhar com ele se concretizou.

No primeiro tempo da análise, eu tive três sessões, cuja duração foi breve. Vinte minutos na primeira e menos de dez nas outras. Pouquíssimo tempo para uma grande virada, porque não era o tempo cronológico que contava e sim a escuta e um modo de operar sustentado numa profunda empatia. O relógio ali era tão secundário quanto o tamanho de um poema para a poesia. Camões não precisou de mais de um verso para definir a natureza do sentimento amoroso, que é "contentamento descontente" ou "dor que dói e não se sente". Com um só verso, "Somos pó, mas pó amoroso", Quevedo mostrou o quão indissociável da vida a morte é.

Como os poetas, Lacan se valia do tesouro da língua para fazer muito com pouco. A exemplo disso, um neologismo que ele inventou para falar da conversão do amor em ódio: *hainamoration*. Uma só palavra — que poderia ser o subtítulo do *Otelo* de Shakespeare — para designar a substituição corriqueira do amor pelo ódio, como se o ódio fosse a cara-metade do amor.

O COMPANHEIRO E EU VOLTAMOS para o Brasil, onde eu fiz uma tese de doutoramento em psiquiatria sobre a eclâmpsia, doença rara nos países desenvolvidos e de alta incidência no Brasil por causa da precariedade do pré-natal. Talvez por não ser possível mudar esta situação e evitar a eclâmpsia, os médicos faziam teses sobre a prevenção da morte na eclâmpsia, um contrassenso revoltante.

Não era a carreira de médica que eu queria seguir e sim a de psicanalista. Na verdade, eu só havia cursado Medicina por ser esse o voto do meu pai, que era médico e nunca viu outro caminho para a filha. Como muitos da sua geração, desejava que eu tivesse uma profissão liberal, a única concebível, na época, para uma mulher brasileira de "boa família". Segui o caminho para corresponder ao desejo do pai, que faleceu, aos 48 anos, quando eu estava no terceiro ano da faculdade. Não sem me ensinar a cuidar de um doente — ele — na fase terminal. Mais de uma vez eu dei a injeção necessária e prescrevi morfina no fim.

Aprendi com ele, na infância e na adolescência, a cultivar o corpo e a vencer competições, além de me dedicar aos estudos. Na vida adulta, me ensinou a suportar a morte anunciada de um pai jovem que me deixaria com a responsabilidade moral da família — por eu ser a primogênita, além de estudante de medicina. O sustento da família, felizmente, ele já havia garantido.

Graças a esse pai, tive várias ousadias. Entre elas, a de me engajar, depois da sua morte, no movimento de esquerda durante a ditadura militar — 1964 a 1968. Fui presa, durante uma manifestação estudantil, em 1968. Passei a noite na prisão da Tiradentes e saí no dia seguinte com a maioria dos estudantes. Em 1969 fui procurada pela polícia, que não me encontrou mais.

Acredito que também deva ao pai o fato de deixar o Brasil para fazer análise com Lacan. Digo isso porque tive que me separar do companheiro — em função das suas obrigações profissionais — e me radicar sozinha numa cidade cuja cultura eu desconhecia e cuja língua não era a minha. O fato é que eu privilegiei a formação analítica. Não imaginava que isso ia me custar o casamento. O "companheiro" privilegiou o sexo e não o amor, não era de esperar ou dizer "a sua data será a minha". Não podia apostar na minha liberdade porque não me amava verdadeiramente, era machista embora nem ele e nem eu soubéssemos disso.

O amor se dá entre semelhantes e o machismo só pode ser contrário a ele, por desautorizar o desejo feminino, como bem diz a letra de uma das músicas de Caetano Veloso: "ele é quem quer/ ele é o homem/ eu sou apenas uma mulher". Outra letra de música, de Chico Buarque, diz claramente como a mulher deve se comportar: "na presença dele me calo/ eu de dia sou sua flor/ eu de noite sou seu cavalo/ a cerveja dele é sagrada/ a vontade dele é a mais justa".

A cultura machista vigorava, e ainda vigora, no Brasil, que não deixou de estar bem posicionado no ranking do estupro e do feminicídio. As mulheres e as crianças são as maiores vítimas desta cultura, que no entanto também atinge os homens. Obedecem, inconscientemente, ao imperativo malévolo da vingança e se tornam criminosos.

Antes da viagem a Paris, escrevi duas vezes para Lacan dizendo que desejava ir. Marquei a data ao receber um telegrama.

À sua disposição
Recebo-a quando lhe convier
Acredite-me seu
Jacques Lacan
p.s.: Queira precisar a data da chegada

Me preparei com a ajuda da mãe que, por diferentes razões, sonhava comigo em Paris. De tão fascinada pela Cidade Luz — como outros contemporâneos dela —, via a constelação da torre Eiffel no céu e a Notre-Dame na catedral de São Paulo, que, "além das duas torres góticas, possui uma rosácea". Acredito que o fascínio tenha a ver com a influência da moda francesa, à qual eu era — como só podia ser — totalmente indiferente. Ninguém de esquerda, no Brasil, se preocupava com roupa. A preocupação devia ser de outra natureza. Só em Paris eu descobri a moda, que é indissociável da cidade.

Durante os preparativos, apesar da presença solar do Doutor, eu estava com um certo frio na alma. Saudade antecipada do espaço onde eu vivia desde sempre e não estranhava nada. A surpresa podia ser assustadora e de fato foi.

2. Quero fazer análise

No dia seguinte à chegada, telefonei para o Doutor e disse que estava em Paris. A resposta foi inimaginável.

— E daí?

Como era possível que Lacan me perguntasse isso, quando eu havia atravessado o Atlântico só por ele? O fato é que eu respondi *Quero fazer análise*, expressando claramente o meu desejo. Com uma simples pergunta, ele precipitou a resposta esperada. Ato contínuo, marcou uma sessão para o dia seguinte e bateu o telefone.

Fiquei pendurada na linha até me dar conta de que o essencial havia sido dito. Desligando abruptamente, ele me fez escutar o meu desejo. Mas é obvio que só procedeu dessa forma por já ter intuído que, no meu caso, a batida do telefone não provocaria a ruptura. Graças à sua experiência clínica, transformou a batida num recurso analítico eficaz.

O telefonema foi a primeira sessão da segunda etapa da análise. Mostra bem em quão pouco tempo é possível fazer o decisivo acontecer. Através da precipitação do desejo e da interrupção no momento certo — no caso, imediatamente depois de marcar a segunda sessão.

O Doutor não estava ali para responder à demanda de amor e sim para que eu entrasse o quanto antes em análise. Não estava para o que nós chamamos de *conversa mole* e ele chamava de *palavra vazia*. O espaço do consultório existia para a *palavra plena* aflorar, uma palavra significativa para o analisando, cuja história era tratada pelo Doutor como uma epopeia.

Lacan se valia da simpatia para incitar o analisando a entrar em análise e podia se afastar dele para obrigá-lo a avançar. O seu modo de operar era indubitavelmente paradoxal, mas conforme à lógica do inconsciente, que faz pouco da contradição. A palavra tanto podia ser a lira do Doutor como o seu chicote. Cada analisando encontrava nele o analista que merecia.

CHEGUEI PONTUALMENTE NO CONSULTÓRIO. Mas não fui atendida na hora marcada, como não podia ser, já que o tempo da sessão era função do discurso do analisando e não do tempo do relógio. Isso justificava a espera e eu não me lembro de alguma reclamação relativa a isso. Só quem concordava com o método de Lacan fazia análise com ele. Possível considerar que o tempo passado na sala de espera era um tempo necessário para o que viria depois, a sessão propriamente dita.

Fui a terceira pessoa a ser chamada com um mesmo *Venha*.

De um lado, no consultório, ficava o divã e, atrás dele, uma poltrona imensa com incrustações de madrepérola. Do outro lado, em frente a uma janela que dava para o pátio, duas pequenas poltronas de veludo para o *face a face*, que antecede a passagem para o divã. O Doutor me indicou uma delas e se sentou na outra.

Assim que nós sentamos, eu ouvi o *Diga*, que se repetiria durante anos, porque o analisando estava ali para fazer um trabalho que dependia da sua fala. Não era o sujeito do pensamento que interessava e sim o sujeito do inconsciente, que só podia se revelar através do discurso. Não era o *Penso, logo existo* de Descartes que contava e sim o *Digo, logo existo.*

— Agora eu posso ficar aqui quatro meses

— O quê?

— Quatro meses, o combinado

— O seu francês é um problema

Como era possível que o Doutor me dissesse isso? Afinal, ele já havia me encontrado e manifestado o desejo de que eu voltasse. Mas no *Seu francês é um problema* eu escutei um desafio e respondi em função disso.

— Basta me dar um tempo

O Doutor não se deixou convencer pela resposta.

— Mas eu poderia enviar você a uma discípula portuguesa radicada em Paris

Uma proposta que Lacan só fez por desconhecer a relação dos brasileiros com os portugueses, que, por terem sido os colonizadores do Brasil, se tornaram objeto de chacota. Xenofobia, claro, mas eu não me dava conta. O fato é que a transferência em relação a uma portuguesa não era possível. A posição do analista é a do *sujeito suposto saber* e, por razões históricas, essa posição não podia ser a dela.

Ademais, a língua falada do Brasil e de Portugal não é a mesma. Os brasileiros se delongam nas vogais enquanto a fala dos portugueses é sincopada. A partir do movimento modernista de 1922, a língua escrita do Brasil foi atrelada à falada e nós fazíamos pouco de quem telefonava para Portugal "a fim de saber como se escreve". Eu não entraria facilmente em sintonia com a analista portuguesa. Recusei com veemência a proposta do Doutor.

— Se não for com o senhor, tomo ainda hoje o avião para o Brasil

— Bem, então volte amanhã

Lacan, cujo lema era *Primo non rompere* — Sobretudo não romper —, levou a sério o *Tomo ainda hoje o avião*. Ele sabia que era a condição absoluta do meu desejo e, se essa condição não fosse satisfeita, eu não faria análise. Por outro lado, sabia que a língua do inconsciente não é a língua natal, as línguas se interpenetram e o significante do desejo se impõe.

Outro analista poderia ter argumentado que a análise deve necessariamente ser feita na língua materna. Mas Lacan, na grande tradição humanista, era tudo menos um analista dogmático e, por privilegiar o desejo, se abriu para uma experiência pouco usual. Aceitou a analisanda e o presente que eu havia levado do Brasil, um pente indígena — talvez pelo interesse dos franceses pela cultura dos índios.

O FATO É QUE, na sessão seguinte, o Doutor quis saber se eu era descendente de índios. Uma curiosidade que me surpreendeu. Eu nunca havia visto um índio e tampouco me interessado pela cultura indígena, a despeito da origem de São Paulo ser indissociável de sua presença. Até o século XVIII, a língua ali falada era o tupi-guarani. A minha cidade natal e a sua história não me interessavam e nisso eu era uma paulista típica.

São Paulo sempre foi indiferente ao passado. Sua bela arquitetura colonial foi substituída pela neoclássica e esta pela arquitetura do *skyscraper*, quando a cidade quis se igualar a Nova York. O paulista de família abastada raramente viajava para os outros estados — São Paulo era o Brasil. Ia para a Europa — fazer compras e importar costumes. O mais das vezes, costumes já em desuso no exterior. A exemplo disso, a refeição servida à francesa quando, na França, a empregada doméstica já havia se tornado raridade.

O Doutor não estava e não podia estar informado disso, e eu satisfiz a sua curiosidade sobre as origens relembrando que os meus ancestrais eram todos libaneses, imigrantes.

— E o que mais?

— O mais sou eu aqui sozinha na França. Não conheço ninguém e a cada palavra eu tropeço... as pessoas não entendem o que eu digo. Se eu não falar exatamente como deve ser, a mensagem não passa

— Hmm

Poucos dias depois da chegada, eu já estava me lamentando. Ia me entregar à tendência para a queixa e o Doutor interveio, dramatizando o que eu havia dito.

— Foi uma grande largada. Você passou de um para outro continente. Como se fosse descobrir a América!

Ao que era uma viagem do Brasil para a França, ele deu uma dimensão épica, transformando-a numa proeza e acenando com uma descoberta. Com efeito, eu ia descobrir um Brasil novo, o da cultura popular, à qual até então eu havia sido indiferente como os outros intelectuais paulistas.

Se eu não tivesse ido à França e trabalhado com Lacan, que se interessava por tudo, nunca teria saído do consultório para escutar os carnavalescos. Comecei a fazer isso em 1979 por causa da declaração de Joãozinho Trinta na grande imprensa: "O povo gosta de luxo; quem gosta de miséria é intelectual". A frase era uma resposta à crítica que investia contra o desfile das escolas de samba, considerando que o país não podia se dar a tal luxo. Para saber o que significava a frase do carnavalesco fui ao Rio de Janeiro, ao seu encontro.

Ouvi-o dizer empolgado que só reclamava da presença dos carros alegóricos na avenida quem morava em palacetes ou grandes edifícios, mas o povo, vivendo em casebre, em rua de lama, no aperto, queria coisas grandes, uma outra dimensão que só é encontrada no desfile, cujo luxo não é o do dinheiro e sim o das joias, que, sendo falsas, são pelas implicações mágicas as mais verdadeiras. "Vestida de nobre, uma empregada doméstica faz parte da nobreza, é a dama que queria ser, suas joias são as mais autênticas, porque são as da imaginação."

Para o carnavalesco, como para Baudelaire, a rainha das faculdades era sem dúvida a imaginação. "Nada daquilo que existe me satisfaz/ [...] prefiro os monstros da minha fantasia", dizia o poeta, cuja afirmação poderia aparecer na abertura do desfile de uma escola de samba.

Culto presente de uma ilusão, o Carnaval reatualiza a fantasia que presidiu a descoberta do Brasil: a de encontrar o paraíso. Assim, diferenciando-se incessantemente, funciona repetindo uma fantasia ancestral, que, sendo inseparável do gosto da maravilha e do mistério, se traduzia numa geografia fantástica do Novo Mundo, cujos motivos o Carnaval retoma, apresentando entidades misteriosas, reinos áureos e argênteos, flora e fauna inusitadas.

Graças aos carnavalescos descobri que o Carnaval não é só o dia do esquecimento, mas a festa através da qual o Brasil rememora a sua história e se reinventa todo ano. Apropria-se das representações do Oriente e do Ocidente antropofagicamente, devorando-as. Não imita, brinca livremente com as representações para criar outras sempre novas e surpreendentes. Cultua o transitório e o riso, espraiando a alegria a fim de exaltar a vida.

A DECISÃO DE SÓ FAZER ANÁLISE se fosse com Lacan implicou me aprofundar no francês e me tornar fluente o quanto antes. Para tanto, eu lia dia e noite. Comecei com *À la recherche du temps perdu*. Mas só fiz a travessia do primeiro volume de Proust com dificuldade. Sobretudo pela estranheza em relação ao universo da obra. Não lembro como cheguei a *Voyage au bout de la nuit*, de Céline, que me arrebatou. Talvez pelo anti-herói do romance, Bardamu, ser médico. Ou pela estilização da oralidade que caracteriza a literatura do meu país, desde que os escritores romperam com as convençoes literárias de Portugal.

Para não ficar sozinha no hotel o tempo todo, eu passava horas lendo em algum bistrô. Isso me dava uma incrível sensação de liberdade. No Brasil, teria sido impossível me sentar sozinha num bar sem ser importunada. O bar era para os homens ou para os casais.

A principal razão para estar na França era a análise. Mas, pouco a pouco, à medida que eu progredia no francês, a vida parisiense se tornava uma razão forte. Não havia perigo na rua e eu dispunha da cidade. A cada passo, uma descoberta que me instigava a estudar a história de Paris. Sem me dar conta, eu ia me desligando do Brasil, onde a ditadura militar continuava a prender, torturar e executar.

NÃO SENTIA FALTA DO PAÍS. Isso se devia à ditadura e à perda de muitos amigos obrigados a se exilar. Mas também às minhas origens. Na infância, me sentia perfeitamente integrada na família libanesa. Gostava dos avós, dos tios e dos pais. Já na adolescência, era vítima da xenofobia dos colegas. Me chamavam de *turquinha* por eu ser descendente de libaneses — como se os libaneses não tivessem emigrado por causa dos turcos — e me excluíam de eventos destinados só aos "brasileiros de quatrocentos anos", descendentes dos primeiros colonizadores. Por outro lado, os meus ancestrais menosprezavam os nativos do país. O meu avô paterno, originário de um vilarejo do Monte Líbano, insistia em contrapor aos tais quatrocentos anos os seus 4 mil anos de civilização, era xenófobo em relação aos brasileiros.

Como podia eu, que amava o meu avô, não ser crítica em relação aos meus conterrâneos? Os ancestrais conquistaram um lugar ao sol no país da imigração e me transmitiram valores importantes — sobretudo o interesse pelo saber —, mas não se reconheciam no país que eles me legaram.

Daí uma sessão com o Doutor em que eu indiretamente falei disso.

— De nada eu estou certa

— Verdade?

— Sim

— Diga... estou escutando

— Na realidade, eu não sei por que eu venho aqui

— Hmm

— Parece que eu estou compelida a vir

— Sim, é isso! — respondeu o Doutor me olhando fixamente.

— Mas quem me obriga?

— Diga, minha cara

— Se eu soubesse... querer não é poder

— Isso também é verdade

Com esta frase, ele se levantou dizendo *Até amanhã*.

Fui precedida pelas palavras quando disse que estava *compelida* a ir, e só entendi o significado depois, *nachträglich*.

Minha avó materna, cujo pai se tornou um imigrante rico, passou um ano em Paris escolhendo o mobiliário do seu palacete. Na entrada, havia uma sala com móveis importados da França e porcelana de Sèvres. Tanto do lado da mãe quanto do pai, os ancestrais eram todos maronitas, e a França era um país idealizado por eles, como só podia ser.

Depois do colapso do Império otomano, no fim da Primeira Guerra Mundial, por determinação da Liga das Nações o Líbano se tornou um protetorado francês. Mas, desde o século XVII, a relação entre os maronitas e os franceses era estreita. Durante o reinado de Luís XIV, muitos maronitas se tornaram cônsules da França em Beirute, elevando a sua condição social, razão pela qual a França era vista como um país amigo, além de protetor. Também por isso eu me encontrava em Paris, realizando o desejo dos ancestrais. Daí a palavra *compelida*, à qual o Doutor deu ênfase exclamando *Sim, é isso!*.

Uma sessão que ilustra o motivo da substituição do *Penso, logo existo* por *Digo, logo existo*. Se Lacan tivesse me perguntado por que eu não estava mais certa de nada, teria me induzido a pensar. Mas ele interagiu comigo dizendo *Verdade?* e *Diga, estou escutando*. Ou seja, precipitando a fala por saber que só através da livre associação, e não dos pensamentos, o inconsciente se manifesta. Com a palavra *compelida*, eu fui introduzida na história familiar e descobri o motivo inconsciente da travessia.

Lacan não interpretou a fala, atribuindo a ela um ou outro significado, e, quando intuiu que o inconsciente havia se expressado, me entregou à rua, para que eu fizesse a interpretação. Uma sessão que, por valorizar a livre associação, também mostra o quão freudiano o procedimento do Doutor era e, *last but not least*, deixa claro o motivo da substituição do termo *paciente* por *analisando*. Se este não se debruçasse sobre o que havia dito, a análise não acontecia.

Nem sempre era fácil fazer análise, e eu resolvi viajar, tirar "férias do inconsciente". Mas como dizer isso ao Doutor? Eu estava na França por quatro meses para trabalhar com ele e não tinha justificativa séria. Me ocorreu que o Doutor ia me censurar, reagindo como o meu pai. Nada disso aconteceu.

— Bem, minha cara, e eu a revejo quando?

Não acreditei no que ele disse e, a bem da verdade, fiquei indignada. Como era possível que ele sequer me perguntasse por que eu me ausentaria? Que fosse assim tão indiferente?

Só respondi depois de um silêncio prolongado.

— Dentro de quinze dias eu estou de volta

— Quinze

Com esta palavra, o Doutor se levantou e eu paguei como sempre. Depositei duzentos francos em cima da escrivaninha dele e saí sem entender nada. Só agora, ao escrever, me dou conta do acerto da resposta do Doutor. Por ter se limitado a perguntar quando me reveria, ele não apenas autorizou o meu desejo como expressou o de me reencontrar para continuar o trabalho.

Lacan não estava ali para responder à demanda de amor incondicional, mas para fazer o analisando assumir o seu desejo e ir em frente com ele, dando um sentido novo à sua vida.

VIAJEI SEM SAIR DE PARIS, procurando conhecer os monumentos indicados no guia e fazendo as visitas que o *Pariscope* propunha. O que mais me impressionava era a relação dos parisienses com o seu passado, a valorização de tudo que havia na cidade. Até mesmo do sistema de esgoto, onde Jean Valjean, o protagonista de *Os miseráveis*, se refugiou.

Se por um lado Paris me deixava boquiaberta, por outro me obrigava a enxergar o descaso pela memória no Brasil, onde, do dia para a noite, prédios que narram a sua história são impiedosamente demolidos para dar lugar a outros mais rentáveis. Ou então pegam fogo por negligência, como aliás aconteceu em 2018 com o Museu Nacional do Rio de Janeiro, antiga residência dos imperadores do Brasil, cujo acervo, construído ao longo de duzentos anos, foi quase totalmente destruído. Nele estava Luzia, o fossil mais antigo encontrado na América do Sul, com 13 mil anos.

Terminada a visita, eu errava pela cidade, apreciando as fachadas dos prédios ou as portas de madeira esculpidas com motivos que eu tentava decifrar — razão pela qual eu tinha na bolsa um pequeno dicionário de mitologia. Quando não queria mais andar, ia ao cais do Sena me deleitar com a paisagem, a vida no rio, os barcos onde certos parisienses residiam, os plátanos e os chorões. Saudade de casa só quando a cor da água me fazia pensar na garapa e me levava para a infância.

No Châtelet, eu sempre admirava a Vitória dourada com seus seios e suas coxas exuberantes, os braços abertos e uma coroa de louros em cada mão. Via uma exaltação da figura feminina e, talvez pelo dourado, um símbolo da Cidade Luz. Tinha sido uma outra Vitória existente na cidade que me despertara, aos dezoito anos, a fantasia de conhecer Paris, a Vitória de Samotrácia, poderosa figura de proa que fica no alto de uma escadaria do Louvre. Aproveitei as "férias do inconsciente" para ir mais uma vez ao museu contemplar aquela mulher alada, em que eu via uma imagem gloriosa da liberdade feminina.

Com o turismo, eu me dei conta do quanto Paris podia ainda me oferecer, porém, antes dos quinze dias, já estava de volta no consultório do Doutor, cuja escuta me surpreendia e me capturava. Foi no dia seguinte de um sonho que se repetiu e eu precisava contar.

— Diga

— Sonhei com o senhor no meu país

— Interessante

— Um verdadeiro festim, um banquete... o senhor e eu sentados na copa de uma mangueira

— O quê?

— Uma mangueira... e nós comiamos sapoti, uma fruta que não existe aqui... eramos três, o senhor, eu e um anjo negro com uma coroa de flores de ipê, árvore que também não tem aqui

— Hmm

— O senhor soletrava palavras em português

— Passei do francês para o português

— E mais que isso, subiu com um anjo negro para o céu

— Fui desta para melhor

Tendo dito isso, o Doutor se levantou com o *Até amanhã* e eu saí me perguntando por que ele não me induziu a fazer as associações que permitiriam interpretar o sonho. No caminho de casa, me lembrei de uma passagem da *Interpretação dos sonhos* em que Freud fala do sonho de Anna, a sua filha de um ano e meio. A menina passou mal por ter comido morangos de manhã e teve que ficar sem comer o dia inteiro. À noite, dormindo, ela recitou um cardápio inteiro: "molangos, molangos silvestres, omelete, pudim". O sonho de Anna é um dos que Freud apresenta como a prova incontestável de que o sonho é uma realização de desejo.

Sobre os sonhos das crianças, em particular, ele diz que o desejo aí se expressa diretamente e, portanto, a interpretação dispensa as associações do sonhador. Meu sonho do festim com o Doutor era como o das crianças. Expressava sem qualquer dissimulação o desejo de continuar a análise com ele no Brasil e em português. Isso era previsível e Lacan havia previsto. Mas não era possível. O processo havia começado e não tinha volta. Quisesse ou não, o francês seria a língua da minha análise até o fim, porque o único analista que eu concebia era o Doutor.

Já havIAM PASSADO TRÊS MESES dos quatro que eu ia ficar. Me restava pouco tempo na França. Além da análise, eu precisava ler os textos do Doutor e os outros aos quais ele se referia. Na primeira aula daquele ano, Lacan disse que o título do seminário tanto poderia ser *Les noms du père* como *Les non-dupes errent* — que se pode traduzir por *Os nomes do pai* e *Os que não são tolos erram*. Começou o seminário com um trocadilho, valorizando a ambiguidade que a língua propicia e evocando Freud, que se debruçou sobre a relação do trocadilho com o inconsciente.

O trabalho de Lacan era um contínuo retorno a Freud, que, ao propor a associação livre, incitou o paciente a errar, dizer livremente o que lhe ocorresse. Só assim o inconsciente podia se manifestar. Da primeira aula do seminário, eu retive uma frase que me ajudou a continuar nos estudos de então: "Não se deve compreender rápido demais".

Isso porque, à diferença dos outros saberes, que em nome da objetividade excluem o sujeito, o saber do inconsciente não existe sem sujeito e este precisa ser decifrado. Como a esfinge, o inconsciente propõe enigmas e requer paciência para que se possa decifrar. Talvez por isso Lacan recomendasse que os analistas fizessem palavras cruzadas — um jogo de paciência.

Não me lembro de todas as sessões daqueles quatro meses — o segundo tempo da análise —, mas da última eu nunca me esqueci, pelo acerto da intervenção inesperada do Doutor.

Quisesse ou não, eu estava de malas prontas para voltar ao Brasil, onde o companheiro supostamente me esperava e onde eu devia retomar o meu trabalho clínico. Apesar do frio, o dia ensolarado convidava a passear e eu vaguei pela cidade antes de ir à sessão. Me detive mais uma vez na Vitória dourada do Châtelet e depois me dirigi para o Jardin des Tuileries. Queria rever as mulheres de Maillol, as esculturas eróticas e as outras cujo gesto afasta quem se aproxima. Também delas eu sentiria saudade no Brasil, onde a exibição do corpo das mulheres está a serviço do gozo e não da contemplação. Podia o culto da feminilidade existir num país que nunca soube do amor cortês?

Do jardim eu fui andando até o consultório do Doutor, cuja sala de espera, excepcionalmente, estava vazia. Fui logo atendida com um *Venha, minha cara*.

— Última sessão

— Hmm

— Preciso fazer um balanço do que aconteceu... Não sei dizer o que eu fiz aqui e por que eu vou embora... De que me servirá ter trabalhado com um analista de tanto renome?

— Diga

— Se eu soubesse, eu diria

Silêncio.

— Só sei do sonho que eu tive

— Sim... eu estou escutando

— Sonhei que fazia um pedido ao senhor

— Que pedido?

— Pedia para ler o nome de uma rua do Brasil

— Interessante... renome, nome. A senhora talvez faça do meu renome um nome

O Doutor fez uma associação e produziu um trocadilho. Valia-se do trocadilho na sessão e também no seminário, razão pela qual este nem sempre era inteligível. O fato é que ele deu a sessão por encerrada e eu saí contente.

Lacan não ignorava o quão importante a questão do nome era para mim, por eu ser descendente de imigrantes. Além de perder o chão do seu país, quem emigra começa a vida noutro lugar com um nome sem significado, ele é primeiro um zé-ninguém.

O Doutor apostou no meu desejo de vir a ser uma psicanalista reconhecida pelo meu trabalho e, mais que isso, pelo trabalho *com ele*. Ou seja, apostou também no próprio desejo. Para Lacan, como para Freud, a transmissão da psicanálise era fundamental. Queria ter discípulos, e por que não no Brasil?

3. Quero ser mãe

Contrariamente ao que eu imaginava, a volta para o Brasil foi desastrosa. O companheiro tinha encontrado outra mulher e não pretendia se separar dela. No meu desespero, comecei a beber e fui tomada pela ideia fixa de me vingar. Sem me dar conta, reagia como as senhoras da casa-grande traídas pelo marido com a escravizada, que exerciam uma crueldade sem tamanho, quebravam a dentadura da outra com o salto do sapato, cortavam os seios dela ou queimavam suas orelhas.

A violência, que não era uma característica minha, denotava um profundo desequilíbrio. Diante disso, mamãe me convenceu a voltar para a França, com a esperança de que eu retomasse o trabalho com Lacan. Pressentiu que o meu desequilíbrio também tinha a ver com a interrupção da análise.

Viajei sob as ordens dela, sem projeto. O avião parou na Libéria, país sobre o qual eu não sabia absolutamente nada, mas onde, por estar sem bússola, eu tive o ímpeto de ficar. Queria adiar Paris e o Doutor mais ainda. Não havia sequer avisado que estava indo. Ia dizer o que para ele? Que vivia às voltas com ideias de vingança? Que o crime era uma possibilidade minha? Não queria me desqualificar e, por outro lado, as ideias me davam um sentimento de onipotência do qual eu não queria abrir mão. Uma recompensa para quem se considerava humilhada e ofendida.

Com a alma carcomida por um ciúme que se autoengendrava, eu primeiro vivi em Paris no subterrâneo, indo de uma a outra estação de metrô, circulando ininterruptamente para não estar em lugar nenhum, entre desconhecidos para não encontrar ninguém. Às vezes, me ocorria o trocadilho do Doutor — *A senhora talvez faça do meu renome um nome* —, que agora me paralisava. Só o que eu havia feito no Brasil era me separar do companheiro e me engalfinhar com a rival. Pela nobre causa da psicanálise, absolutamente nada.

Demorei para me decidir e, só depois de ter tomado uma dose dupla de uísque, fui ao número 5 da Rue de Lille. Cheguei no consultório sem aviso prévio. Gloria, que já me conhecia, abriu a porta e me indicou a sala de espera. Acredito que o Doutor tenha se surpreendido ao me ver, mas não deixou transparecer a surpresa. Simplesmente fez um gesto para que eu entrasse. Não pertencia à corporação dos que só atendem com hora marcada e resistem à análise.

— Diga

— Mas o quê?

— O que você quiser

Depois de um tempo, suspeitando que eu estivesse com medo, ele continuou.

— Nada do que você disser sairá daqui

— Só fui ao Brasil para voltar

— Como assim?

— Só me restou isso

Sem perguntar por quê, o Doutor se saiu com uma resposta inesperada.

— Não posso lhe dar garantia nenhuma

— Não pedi isso

— O risco então é todo seu

— Sim, eu sei

— Então, volte amanhã

O Doutor me desafiou e era disso que eu precisava para sair da posição de humilhada e ofendida e recuperar a autoestima. Lacan sabia avaliar o grau de transferência — que, no meu caso, era o grau máximo — e agir em função dessa avaliação. A sessão mostra bem o quanto a sensibilidade do analista conta e por que Lacan dizia que a psicanálise é uma arte. Tanto numa como noutra, a intuição é fundamental, a capacidade de entender sem raciocinar — para a qual existe, na língua francesa, o verbo *piger*.

Lacan agiu corretamente e, com poucas palavras, me reintroduziu na análise, no terceiro período da mesma, que seria o mais longo — 1974 a 1976 — e decisivo. Nesse período, eu sairia da zona de conforto da língua materna para traduzir o mestre. Além de enfrentar a questão das origens e da maternidade.

Possível que a sessão na qual o Doutor disse *O risco é todo seu* tenha funcionado por eu ser filha de um pai que me desafiava a me superar. Mas também evidencia duas características de Lacan como analista. Contrariando as expectativas, podia dizer ao analisando, num momento de crise, *Não conte comigo*, incitando-o a contar consigo mesmo e tratando a depressão com um desafio. A segunda característica é o uso do paradoxo. Por um lado, *Não posso lhe servir de garantia* e, por outro, *Volte amanhã*. Como o inconsciente, Lacan ignorava a contradição.

O fato é que, logo depois do desafio do Doutor, eu aluguei um apartamento em Paris para continuar a análise. Como era de se esperar, ficava no Quartier Latin, de onde eu podia ir a pé para a Rue de Lille.

Foi por causa de uma outra sessão dessa terceira etapa que eu apresentei um projeto para ensinar no Departamento de Psicanálise da Universidade de Vincennes, dirigido por Lacan.

A referida sessão tem a ver com um pingente que eu usava naquela época, um olho de vidro emoldurado com pálpebras de prata; uma joia feita por uma europeia cuja arte eu admirava pela combinação original de metais nobres com materiais encontrados no Brasil.

Naquele dia, Lacan não se sentou, como de hábito. Permaneceu de pé, na minha frente, balançando o corpo e me encarando.

— Diga

— Com o senhor aí, tão perto, eu não consigo dizer nada

Nem por isso, o Doutor se sentou. Continuou a me olhar, antes de falar.

— Isso no seu pescoço o que é?

— O olho de vidro?

— Um fetiche

— Talvez seja, mas nunca antes me ocorreu que fosse, é uma joia de que eu gosto

— O que mais?

— O mais é que eu vou fazer o concurso para ensinar no Departamento de Psicanálise de Vincennes. Não sei ainda qual será o tema. Mas vou apresentar um projeto logo

— Ótimo, faça isso... Até amanhã, minha cara

Saí do consultório refletindo sobre a estranha observação do Doutor. O que tinha o olho de vidro a ver com o fetiche? Me lembrei do Olho de Hórus que eu havia visto no departamento de arte egípcia do Louvre. Simbolizava o poder e afastava o *mau-olhado*. O Olho de Hórus me fez pensar nos fetiches introduzidos no Brasil pelos escravos africanos, que nunca renunciaram às suas crenças e aos seus cultos — razão pela qual a religião que vigora no Brasil é sincrética.

Como as outras crianças do mesmo meio social, eu havia sido educada pelos meus pais, mas criada por uma descendente de africanos, Maria, cujas histórias de magia me fascinavam. Como não concluir, depois da sessão, que eu acreditava na função protetora do olho de vidro e, portanto, se tratava de um fetiche? Acreditava sem ter consciência clara disso. Até porque a minha formação científica não autorizava a crença na magia.

Quisesse ou não, a cultura africana também era a minha. Se, por um lado, eu havia crescido ouvindo as histórias das *Mil e uma noites* narradas pelo avô libanês, por outro, eu ouvia a empregada contar histórias de feitiço, dizer que evitava o *mau-olhado* e tinha o *corpo fechado*. Podia eu só ter ancestrais libaneses, mas culturalmente eu era mestiça.

Por ter mirado o pingente, o Doutor me levou a definir o tema do projeto que eu ia apresentar ao Departamento de Psicanálise da Universidade de Vincennes. O tema seria o fetichismo. Queria me aprofundar no seu significado na teoria psicanalítica e no sincretismo religioso brasileiro, em que eu havia sido introduzida por uma amiga dramaturga. Mais de uma vez ela havia me falado de uma mãe de santo que fazia trabalho para afastar rival. Juntas fomos então atrás de Vovó Conga de Angola, que desfazia feitiço num terreiro no Rio de Janeiro. Passamos ali horas infindáveis à espera da misteriosa Vovó, cuja presença era continuamente anunciada e postergada, num espaço atravessado por vira-latas, onde a luz era só de velas e o cheiro da fumaça impregnava tudo.

Foi uma primeira experiência que me ensinou como o poder se configura, valendo-se da espera e do mistério para reforçar a crença. A partir de então fiz inúmeras viagens pelo país, na condição de turista aprendiz, a fim de conhecer os cultos afro-brasileiros. Na Bahia, pude assistir a um culto secreto dos ancestrais, cujo ritual torna visíveis certos espíritos ditos Êgún, Êgún gún, Baba Êgún ou Baba. Essa foi uma referência importante no fim da análise com Lacan.

Por ter sido uma turista aprendiz, eu me livrei da xenofobia dos ancestrais, que talvez se devesse ao fato de terem sido vítimas do descaso dos nativos ao chegarem no Brasil. Décadas depois, para não ser chamada de *turquinha*, passei a ocultar as origens. Por exemplo, dizendo que o nome do meu pai era Ricardo em vez de Rachid, fato que posteriormente eclodiu na análise.

Já naquela época, por causa da imigração, era complicado ter um nome árabe. Depois, pela ameaça terrorista, se tornou pior ainda. Quando meu filho nasceu, apesar da insistência do seu pai, eu me recusei a pôr nele um nome que revelasse as origens árabes. A dissimulação teve que continuar. Sobre isso eu não falei na análise, porque só me tornei mãe alguns anos depois do seu término.

Paris é feita para o olhar. Convida a ver e se ver — na fachada dos prédios, nos bares, nos restaurantes. Há espelhos em toda parte e não há como negligenciar a aparência. O apartamento que eu aluguei ficava num prédio do século XVIII, na Rue de la Harpe, e tinha espelho no quarto, no banheiro, na sala, e eu não me privava. Me valia da roupa do armário e de alguma outra nova para estudar a vestimenta. Antes de me radicar na França, isso era inimaginável. Porém, vendo as francesas, quis me tornar elegante.

O corpo-cabide era um requisito da moda e, pela forma avantajada do traseiro, o meu corpo me contrariava. Seria preciso negociar com ele e com a moda até encontrar uma solução para a mulher que eu estava descobrindo. O espelho servia para eu não me enganar, usando uma roupa que não me ia bem. Precisava da imagem para encontrar o meu estilo. Disso eu sabia. Mas foi na sessão que eu descobri a razão pela qual o espelho me fascinava.

— De casa nova, mobiliada... o apartamento de uma senhora, que eu chamei de *madame* quando ela queria ser chamada de *mademoiselle*. Uma senhorita, de sessenta anos, que se disse apaixonada. Por que não? Aluguei o apartamento por ter espelhos em toda parte... eu, aliás, queria outros mais

— Verdade?

Depois de um silêncio, continuei a falar evocando Versalhes, que eu havia visitado na semana anterior.

— Aquele salão dos espelhos... as janelas e a vista dos jardins. Vou lá de novo assim que puder

— Diga mais... estou escutando

— Luís XIV sonhou por mim

— O quê?

Pelo tom de voz, a pergunta denotava perplexidade. Mas eu me repeti.

— Luís XIV, o Rei Sol

Neste ponto, o Doutor cortou a sessão para fazer com que eu me escutasse. O que eu havia dito era estranho e ele se valeu do seu estranhamento para dar ênfase à minha fala. Como podia o Rei Sol ter sonhado pela brasileira? Por que a analisanda havia dito isso? O estranhamento era para Lacan um sinal de que o inconsciente havia se manifestado e, na sua prática, ele também se valia desse sinal.

Luís XIV havia sonhado por mim, porque eu descendia da avó materna e da mãe, duas mulheres que sonhavam com a realeza e queriam ser dignas do rei. O sonho das ancestrais era o meu e eu também me regojizava com a fantasia de ser rainha ou princesa. No salão dos espelhos, eu, portanto, só podia estar no meu lugar. Isso se explica pela relação dos libaneses com a monarquia, mas também dos brasileiros. Não é por acaso que reis, rainhas e princesas se multiplicam no Carnaval. "Um dia ser rainha é o que nós, pobres, queremos", disse uma destaque da Mangueira. "Brilhar no lamê, no ouro, na prata, na multiplicidade de pedras preciosas..." Com o luxo da imaginação, fazem do Rio o cenário de um espetáculo tão grandioso quanto inusitado, digno do sonho de Luís XIV.

O INTERESSE PELO ESPELHO era secundário. O que de fato me interessava era o estudo da teoria psicanalítica e a elaboração do projeto de ensino sobre o fetichismo, cuja base era o texto de Freud de 1905 *Três ensaios sobre a teoria da sexualidade*. Mas o fato de ser obrigada a escrever em francês me complicava a vida. Sabia falar sem problema, escrever era outra coisa, implicava um conhecimento da língua que eu não tinha. Isso me irritava profundamente e eu só fui para a sessão contrariada. Sem vontade alguma.

Com outro analista eu poderia ter ficado em silêncio por todo o tempo — como se ele e eu tivéssemos nos encontrado para bater ponto. Com Lacan isso não era possível. Desejava escutar e não deixou que eu silenciasse, ou melhor, permanecesse calada para não me queixar.

— Diga

— Se eu pudesse

O Doutor achou que eu temia a censura e me certificou novamente de que não estava ali para me censurar.

— Não é por medo de dizer que eu não digo. Mas porque a palavra não existe na sua língua

— Como assim?

— Não existe

— Que palavra?

— *Saudade*

Aqui ele interrompeu a sessão. Com a palavra *saudade* e a língua natal no coração, o Doutor me deixou ir embora. Depois de ter sido uma brasileira que falava o português sem consciência da sua relação com a língua, eu havia acabado de me dar conta de que só nela eu pisava em terra firme. Foram muitas sessões para chegar a essa consciência nova, porém isso foi decisivo.

A MINHA LÍNGUA ERA O PORTUGUÊS do Brasil e eu queria viver nela. Mas vontade de voltar para São Paulo eu não tinha. Uma cidade que se autodevorava e consumia todas as lembranças, substituindo mansões por arranha-céus... que era indiferente às suas ruas e às suas praças, atravessada por um rio infecto, um esgoto a céu aberto, tenebroso.

Nos dias que se seguiram à sessão da palavra *saudade*, sonhei mais de uma vez com Maria, a empregada de origem africana que me criou. No primeiro sonho, ela oferecia um espelho a uma estatueta vermelha cujos seios e cujo sexo eram proeminentes. Só podia ser a Pombajira, uma entidade espiritual da umbanda, que transita entre o mundo das divindades africanas e o mundo dos vivos e se incorpora num médium para se manifestar. Chegou ao Brasil com os escravos de origem bantu e se tornou um símbolo forte do erotismo. No segundo sonho, a Pombajira aparecia com saia ampla, blusa de renda e muitos colares. Maria oferecia a ela uma garrafa de pinga, dizendo *Bebe que eu quero ver.* O que ela queria era a dança erótica da Pombajira e através do seu desejo era o meu que se expressava.

Depois desses dois sonhos, tive um terceiro, em que Maria lia a minha sorte, valendo-se dos búzios, e era disso que eu queria falar na sessão. Mas como o Doutor não sabia nada sobre a umbanda, a Pombajira ou os búzios, não fazia sentido falar para ele. Por isso, ao entrar no consultório, fui direto para o divã, contrariando assim o hábito de ficar sentada à sua frente.

Sem dizer nada, ele se acomodou na poltrona que ficava atrás do divã.

— E então, minha cara

— Então que eu não posso falar do que eu quero

— Hmm

— O senhor acaso entenderia se eu falasse da Pombajira?

Uma pergunta provocativa à qual ele obviamente não respondeu. Não estava ali para entrar numa luta de prestígio comigo ou qualquer outro analisando.

— Interessante

— Ao invés de me responder, o senhor diz *Interessante*. Não entendo mais nada, estou desnorteada. Honestamente eu não sei o que eu estou fazendo aqui

— Hmm

— Maria me faz falta... a língua... o país. O fato é que

— Sim, diga

— O fato é que eu só estou aqui pelo senhor

Disse e comecei a chorar. O Doutor se levantou e interrompeu a sessão com palavras de consolo antes de uma conclusão elogiosa, proferida de forma teatral.

— Não há porque ficar desolada. Você passou para o divã. Mais que isso, tomou o divã magistralmente!

O fato de estar na França apenas pelo Doutor, que eu só encontrava durante as sessões, era desolador. Mas dando a entender que, na verdade, eu estava ali pela minha formação analítica e eu acabava de dar um passo importante, Lacan me fez passar da desolação para o contentamento. Com isso, um tempo depois, eu encontraria uma solução para continuar o trabalho com ele sem deixar de viver na língua materna.

Naquele dia eu saí do consultório repetindo as frases do Doutor... *O divã é seu... tomou magistralmente.* O que significava ter passado do face a face para o divã? Já não me sentaria e não veria o Doutor, ficaria sempre deitada, olhando o teto do consultório e só podendo existir através das palavras. Quanto a ele, só estaria presente a fim de escutar o que eu dissesse. Uma relação entre dois seres, inteiramente centrada na fala e na escuta. Ou melhor, numa fala que Lacan tratava como um texto e numa escuta de quem lia o que era dito. Daí inclusive a substituição da palavra *interpretação* por *pontuação.*

A nova perspectiva me deixava ansiosa. Saí do consultório e fui andar pela cidade. Dobrei à direita na Rue de Lille, à esquerda na Rue de Saint Pères e atravessei em direção ao Sena, que sempre me fazia renascer. Parei um bom tempo na Pont Neuf para olhar as carantonhas, que Henrique IV teria mandado esculpir a fim de ridicularizar os ministros que não acreditavam na robustez da ponte. Um ato sádico que pode ser perdoado por causa dos 384 rostos grotescos, as tantas expressões que eles oferecem ao parisiense e ao turista.

A PASSAGEM PARA O DIVÃ foi uma reviravolta na análise e logo surtiu efeito. Nos dias muitos quentes de verão, havia ratos nas ruas de Paris. Mas não foi um rato qualquer que eu vi no térreo do prédio onde morava, foi uma ratazana assustadora. Pedi à zeladora que fosse comigo ver.

— Ratazana? Onde?

— Aqui no térreo...

— Não vejo nada

— Ali... se escondeu embaixo da escada

A zeladora olhou e voltou irritada.

— Não vejo nada. O prédio foi saneado e eu estou ocupadíssima

Com isso, ela me deixou e eu saí para a sessão. Como era possível que eu estivesse tão certa de ter visto uma ratazana cuja existência a zeladora negava? Seria uma alucinação? Fui obrigada a concluir que era. Percepção de um objeto que não existe é alucinação. Ia falar do ocorrido para o Doutor? Se falasse, podia ser tomada por uma psicótica...

No meio do caminho, pensei em não ir... não correr o risco de ser banida do grupo dos futuros analistas... Como se um analista não pudesse ter sintoma algum, como se o sintoma não pudesse ser tratado. O meu medo era o de quem ainda não acreditava suficientemente na *cura pela palavra*. Por isso eu era uma candidata e não uma analista.

A sala de espera do Doutor estava cheia mas, talvez pela expressão do meu rosto, ele me recebeu logo. A ansiedade devia ser visível.

— Venha

Mal me deitei no divã, já falei do ocorrido. Porém fiz isso me escudando na formação psiquiátrica, procurando mostrar que eu sabia do que se tratava.

— Tive uma alucinação

— Como?

— Sim, foi isso mesmo... uma alucinação visual

O Doutor não deu maior importância ao sintoma. Foi pelo objeto da alucinação que ele se interessou.

— Mas o que foi que você viu?

— Um imenso rato

— O quê?

— Um ra-to

Ao dizer novamente a palavra, eu escutei a primeira sílaba, o *ra*, e fiz uma associação inesperada.

— *Ra* é a primeira sílaba do nome

— Diga

— O nome do meu pai, o nome que eu não dizia para não ser rotulada de turca

Neste ponto, o Doutor bateu o martelo, cortou a sessão. O que havia se materializado na alucinação era o nome do pai, continuamente sonegado. Irrompeu na realidade e, graças ao corte, que me obrigou a me escutar, eu não podia mais negar as origens. A via que permitiria superar a autoxenofobia estava aberta.

A sessão do rato alucinado mostra mais uma vez o porquê da duração variável da sessão. A duração dependia do corte, que Lacan fazia no momento oportuno. Novamente: não era Cronos e sim Kairós que o determinava. Por outro lado, essa mesma sessão permite entender o motivo pelo qual Lacan diferenciou, nos *Escritos*, o tempo cronológico do tempo lógico.

Acaso não era lógico interromper o meu discurso quando a questão fundamental das origens se impôs? *Ra* me levou a Rachid, que foi o nome do meu bisavô paterno, o segundo nome do avô paterno e o nome do pai. Uma repetição que tem a ver com o culto a Harun al-Rashid, o califa que fez de Bagdá um grande centro cultural e é uma referência de todos os orientais — figura em vários contos das *Mil e uma noites*.

Não fosse a emigração, os meus ancestrais teriam corrido risco de morte por causa da guerra. E os descendentes nunca teriam tido o direito de cultuar o santo que quisessem. A intolerância religiosa é inerente à história do Líbano, ainda que não tenha sido uma constante. Mas, como eu nasci e cresci num país em que as religiões, como as pessoas, se miscigenaram, eu não atentava para a intolerância e não me dava conta da importância da diáspora.

Além disso, os meus ancestrais queriam o passado esquecido por considerarem que o esquecimento era a condição da integração dos descendentes. Para saber como foi a travessia, entrevistei os membros da família que aceitaram falar. Não queriam ter vivido o drama da imigração — uma ferida narcísica —, e eu não queria ser quem era. Daí o sonho que se seguiu à sessão do nome do pai.

Estou numa mansão desconhecida. A campainha toca. Olho pela janela e vejo uma carruagem de vidro. Dois touros negros se jogam contra os cavalos. Um deles cai ferido no chão e a carruagem fica espatifada. Saio na rua e vejo minha irmã morta ao lado do cavalo ferido.

Uma cena de violência e uma irmã morta. Acordo do sonho assustada, com o coração na mão, estou ofegante. O que pode o sonho significar? Quero minha irmã viva. Sei que para encontrar o significado é preciso fazer associações. Não consigo fazer nenhuma. Me lembro de Freud. Acordava no meio da noite, escrevia o sonho e as suas associações para depois interpretar. Tomo nota do sonho para contar na sessão seguinte.

Não foi mais possível dormir e eu saí pela cidade, embora ainda fosse noite. Queria ver a aurora. Isso, naquela época, não implicava risco algum. Da Rue de la Harpe até o adro da Notre-Dame e daí até a margem do Sena. Precisava olhar o rio, me apaziguar contemplando suas águas furta-cor. Com elas eu bebia na fonte de Juventa.

O DIA DA SESSÃO CHEGOU e eu contei o sonho na análise.

— O que mais?

— A irmã e eu somos muito parecidas. Sempre me espelhei nela. No sonho, ela está no meu lugar

— Hmm

— Acho que o sonho tem a ver com a minha morte... O porquê da aparição dos touros eu não sei. O touro, na Grécia, era um animal sagrado... simbolizava a força. Na minha língua, existe mesmo a expressão *forte como um touro*. A carruagem de vidro, ao contrário, é frágil... ficou espatifada no chão

Depois de um tempo de silêncio, o Doutor falou.

— Diga

— A carruagem de vidro tem a ver com a Cinderela... O ataque foi contra ela, contra a mulher *branca, loira e civilizada...* a mulher que eu queria ser

— O quê?

— Sempre tive a fantasia de ser loira... nunca quis esta minha pele cor de oliva. Quem morreu no sonho foi a Cinderela

Silêncio.

— Estou escutando

— Sim, é isso mesmo. A Cinderela, que eu fui, morreu. E o senhor agora vai me dizer *Até*

— Até quando?

— Posso vir de novo na semana que vem

Dei a data, paguei e sai, examinando o dorso da mão cuja cor é a dos meus, dos que vieram do Mediterrâneo. Me lembrei então de uma tia que procurava clarear a pele esfregando clara de ovo no rosto. Morava num vilarejo distante da capital, mas sabia, pelo cinema, das divas loiras de Hollywood.

ACEITAR A COR DE OLIVA da pele não era gostar dela. Mas nunca me ocorreu clarear a pele como a tia de quem eu me afastei. Vivia à espera do casamento, se preparando incansavelmente para o futuro marido. Como, aliás, as outras mulheres da família com quem eu não podia me identificar. Tanto por causa do projeto de vida quanto da relação com o próprio corpo. Todas obesas e eu era uma esportista. Participei, na adolescência, de concursos de natação e vivi no culto de Esther Williams, a atriz que foi campeã americana de nado sincronizado e a cujos filmes eu assistia para ver o balé aquático.

Ainda que nunca tivesse desejado ser atriz, a figura feminina que me fascinava era a das estrelas de Hollywood. Como só podia ser. Não sei quantas vezes eu vi *A Dama das Camélias* para ver Greta Garbo, ou ... *E o vento levou* para sonhar com Vivien Leigh, ouvir a atriz dizer *Amanhã é um outro dia*.

Foi disso que eu falei na sessão. Talvez surpreendendo o Doutor.

— O único papel que eu gostaria de ter feito no cinema é o da Dama das Camélias... o de Greta Garbo

— Hmm...

— Queria usar os longos dela... o vestido de tule branco ou o de preto

— O que mais?

— Queria ficar no pedestal em que a Dama das Camélias ficava. A posição da cortesã não é a de quem deseja e sim de quem é desejada

— Verdade

— A Dama das Camélias ou Scarlet O'Hara, que era cortejada por todos... adorada por Rhett Butler... Clark Gable

Depois de um silêncio prolongado, eu disse que não me entendia e o Doutor deu a sessão por encerrada. Para ele, o essencial não era eu me entender, mas ter falado para depois encontrar o sentido. Acreditava piamente no efeito das palavras e na interpretação do analisando. A propósito disso, ele diz na Abertura de *Os escritos técnicos de Freud*: "Cabe aos alunos, eles mesmos, procurar a resposta às suas próprias questões. O mestre não ensina ex cathedra uma ciência já pronta, dá a resposta quando os alunos estão a ponto de encontrá-la".

Lacan foi um divisor de águas, porque não se autorizava a atribuir este ou aquele significado à fala do analisando. Ao proceder assim, o analista pode provocar a resistência e transformar a análise numa luta de prestígio. Por isso Lacan diz que, além da *resistência do analisando*, existe a *resistência do analista*, que se expressa quando o seu procedimento dificulta o processo analítico.

A sessão acima mostra o quanto o saber do analista, que aceita a ignorância, é diferente do saber do professor, que se apresenta como aquele que sabe. Nos seus textos, Freud expõe e corrige incansavelmente as suas ideias. O seu pensamento está sempre aberto à revisão, ele é um eterno pesquisador. Daí a ideia de que o analista se caracteriza por uma *douta ignorância*, como diz Lacan. Daí a insistência num retorno a Freud, para que a teoria psicanalítica seja revista, tenha de novo a virulência das origens.

Não entendi a sessão em que me referi ao filme ... *E o vento levou* enquanto não me dei conta do meu narcisismo, o mesmo que caracterizava Scarlett O'Hara e tornou impossível a sua relação com Rhett Butler, o homem que ela amava mas a quem se opunha continuamente.

A impossibilidade de interpretar o ocorrido na sessão me fez imaginar a morte do Doutor. Isso aconteceu na sala de espera do consultório. A sala se encontrava repleta e eu imaginava que os presentes estavam num velório e, apesar de morto, o Doutor apareceria para dizer *adieu* e nos consolar.

O meu mal-estar era grande quando ele apareceu na porta da sala para me buscar. Parou balançando o corpo antes de me dizer *Venha*. De tão tomada pela fantasia eu me perguntei se era do vivo ou do morto que se tratava, do espectro. Foi preciso ouvir *Venha* de novo para me levantar, seguir atrás dele até o consultório e me deitar no divã.

Falei imediatamente, como se o Doutor soubesse o que ia pela minha cabeça.

— Não sei o que eu faço com o morto

— Que morto?

— O senhor

— Hmm

— Estou cada vez mais perdida. Imaginei na sala de espera que nós todos estávamos no seu velório. Não quero a sua morte. De que ela me serve?

— Diga

— Só o que tenho a dizer é que eu hoje não quero falar... quero ir embora. Tenho medo da fantasia... não, não é isso

— O que é então?

— Queria dizer *medo do fantasma*... me enganei por causa do francês... foi um lapso... eu disse a palavra em português

O drama das duas línguas era recorrente e, depois da sessão, eu encontrei uma solução. Me propus a traduzir um dos seminários do Doutor, *Os escritos técnicos de Freud*, e no ano de 1975 me lancei na aventura com a sua aprovação.

O SEMINÁRIO FOI ESTABELECIDO com base na fala de Lacan e, portanto, era preciso atrelar a tradução à língua oral. Imaginar primeiro como ele teria falado para os brasileiros e escrever a partir daí. Isso implicava uma relação nem sempre respeitosa com a gramática da língua, porém era a condição para que o ensinamento do mestre chegasse no Brasil.

Logo no começo da análise, Lacan havia dito *Você passou de um para outro continente. Como se fosse descobrir a América!* Graças à tradução, foi o que aconteceu. Descobri a América descobrindo a língua portuguesa, na qual eu ia primeiro traduzir o mestre e depois escrever os meus próprios livros.

Os escritos técnicos de Freud foi o primeiro seminário traduzido e editado no Brasil. Tratava-se de uma experiência inteiramente nova e não foi fácil encontrar o tom certo. A fim de conseguir, eu escrevia, lia, reescrevia um sem-número de vezes. Procedi como Lacan — citando Boileau — preconizava: "*Vingt fois sur le métier remettez votre ouvrage*". Não existe em português equivalente do provérbio, que recomenda fazer e refazer o trabalho até vinte vezes, se necessário.

Além da questão do tom, havia os conceitos por traduzir. A exemplo do *ça*, que corresponde ao *es* alemão. O latim foi a solução adotada pela edição inglesa das obras completas de Freud, a *Standard Edition*, que preferiu o *id* ao *it*. Trata-se de uma solução contrária à orientação de Freud, que escolheu pronomes da sua língua para designar as instâncias psíquicas (*ich* e *es*). Antevendo a estranheza de certos leitores diante da escolha de simples pronomes alemães "em vez de nomes gregos pomposos", Freud insistiu na importância de adotar para a teoria as palavras da língua falada. Quis fazer delas um uso científico em vez de rejeitá-las, a fim de que os seus ensinamentos pudessem ser compreendidos pelos pacientes "frequentemente muito inteligentes, mas nem sempre letrados".

Com os argumentos de Freud na cabeça, eu fui à sessão.

— Nada é mais difícil do que traduzir

— Hmm

— Não sei como traduzir o *ça*, que é uma tradução do *es* alemão. Na tradução do Freud que existe em português o *es* foi traduzido por *id*, como na *Standard Edition*. Não vejo razão para adotar a solução inglesa. Não foi a que o senhor adotou em francês

— Verdade

— Freud mostra que a teoria deve se valer das palavras da língua em que ela se elabora. O senhor adotou um pronome da sua língua... foi um retorno a Freud

— Isso, foi isso

Saí da sessão com a palavra *isso* na cabeça, que eu depois usei para traduzir o *ça*.

DURANTE UM BOM TEMPO, o tema da relação entre as línguas foi recorrente na análise, eu parecia ser prisioneira delas. Na vida cotidiana, vertia do português para o francês e, na tradução, trabalhava no outro sentido. Nas duas situações eu não estava na minha zona de conforto, e só foi possível suportar o desconforto por gostar de Paris e da liberdade que eu tinha na cidade.

O tempo era todo meu, para estudar, escrever e flanar sem preocupação. Nos anos 1970, a rua era segura, havia no máximo o *clochard*, cuja opção era a de morar nela. A Paris de então permitia sonhar com a de Hemingway — *Paris é uma festa* — e a de Henry Miller — *Dias tranquilos em Clichy*.

Certo dia, depois de várias tentativas frustradas para traduzir o *ça*, encontrei uma solução e fui falar com o Doutor, que me ouviu atentamente.

— A tradução do *ça* para o português... preciso levar em conta o alemão além do francês. O *es* é um pronome neutro...

designa o domínio psíquico estranho ao *eu*... foi introduzido por Freud para designar esse domínio

— Sim, foi

— O *es* designa o que não é pessoal... é um pronome impessoal

— Hmm

— O *ça* é o substituto de um pronome impessoal e, mais que isso, um demonstrativo. Vocês franceses dizem *ça ne se fait pas* que, traduzido para o português, dá *isso não se faz*. Por que não traduzir o *ça* por *isso*? Acho que deve ser assim. O *isso* é demonstrativo e funciona como pronome impessoal

Aqui Lacan se levantou, repetindo enfaticamente *C'est ça, c'est ça*. Vi na repetição e na ênfase a prova de que ele estava convencido pela argumentação. Não é preciso dizer o quão contente eu saí do consultório. Não estava livre de mim mas estava, enfim, livre da tradução do *ça* pela qual a minha análise devia passar. Para Lacan, a formação supunha o engajamento do analisando na difusão da teoria analítica, e eu estava identificada com esse projeto.

COMO SE NÃO BASTASSE VIVER entre duas línguas, o sonho introduziu uma terceira. Maria me ninava, balançando o corpo de um lado para o outro. A mãe apareceu repetindo *Iahabibe*. Se aproximou da empregada, disse *Já está na hora* e passou a me ninar cantando em árabe.

Talvez, por causa da insistência na língua materna, eu tenha sonhado com a mãe que, além do português, falava o árabe, como os outros ancestrais da segunda geração.

Com essa lembrança eu fui para a sessão.

— Meus avós e meus pais falavam o árabe, mas nunca ensinaram a língua

— Curioso

— Usavam a língua para dizer o que as crianças não deviam saber... esconder os fatos... Mas eu fui ninada em árabe pela mãe... Só que eu não sei cantar como ela

— E daí?

— Daí nada

Passado um tempo, o Doutor se saiu com o mesmo *Diga* de sempre.

— Não posso ter um filho, porque não sei a canção de ninar da mãe

— Ora, para o filho você inventaria uma outra

Com esta resposta, ele me introduziu num caminho que eu não visualizava por causa de uma fantasia inconsciente. Na época, eu imaginava que, se tivesse um filho, teria que ser exatamente como a mãe foi. Lacan deu a entender o que eu viria a descobrir somente depois de ter tido o meu filho: não existe modelo de mãe. Não pode existir, porque cada fillho é um e cabe à mãe inventar a forma de se relacionar com ele.

Depois que o árabe entrou em cena, eu fui ao Cairo — numa viagem turística — e tive um sonho. O avô paterno estava de bombachas e de *tarbouch*. Nós sobrevoávamos um cemitério em câmara lenta, em cima de um tapete oriental. O avô apontava as sepulturas e nomeava as oferendas que os egípcios faziam para os mortos: estatuetas, vasos, instrumentos musicais, pratos de comida... O sonho me impressionou e eu quis falar dele na sessão.

— O cemitério era infindável... tem a ver com a Cidade dos Mortos que eu visitei no Cairo. O meu avô nasceu no Líbano e deve ser por isso que ele estava de bombachas e de *tarbouch*. No Brasil, ele se vestia como todo mundo, era um homem simples... Vivia lendo. Gostava de mostrar os livros que ele recebia de Alexandria e de contar histórias. Intercalava frases em árabe e sempre deixava os netos fascinados. Sabia contar... Um dia ele teve uma crise vestibular e perdeu os sentidos. Foi carregado pelos tios até o quarto... Dele eu nunca me esqueci

— O que mais?

— O avô quis me ensinar o árabe. Aprendi os números e o alfabeto... foi só. De repente ele morreu... ataque cardíaco. Apesar de ter enriquecido no Brasil, vivia com saudade do país natal

— Hmm

— O que ele me legou foi a saudade do país natal

Quem se levantou primeiro, naquela sessão, fui eu, que estava quase chorando. Pus o dinheiro na escrivaninha e ia saindo quando ouvi:

— Volte amanhã, minha cara. Estarei esperando

Com efeito, o avô me legou a saudade, ela me acompanha onde quer que eu esteja, seja no Brasil, seja na França, onde eu moro uma parte do ano, há décadas.

A TRADUÇÃO ME ENLOUQUECEU até eu perceber que, para ser fiel ao texto, não podia traduzir literalmente. Isso impediria a adesão do leitor brasileiro. Assim, por exemplo, dado o desconhecimento dos tordos e dos melros no Brasil, a expressão francesa *Na falta de tordos a gente come melros* foi traduzida por *Na falta de cão a gente caça com gato.*

No começo da tradução, eu buscava uma identidade entre o francês e o português que era impossível. Isso se explica pelo fato de nunca antes ter traduzido e pela transferência em relação ao autor, que era o meu analista. Havia, portanto, um paralelismo entre a tradução e a análise. As duas caminhavam juntas em direção ao fim, que só acontece quando a transferência acaba ou quando o analista deixa de ser o chamado *sujeito suposto saber.* Isso, no meu caso, dada a idealização dos franceses pelos libaneses e pelos brasileiros, implicava a apropriação do texto francês em português. Não seria a conquista da América, mas a de uma pátria nova, a pátria da escrita, onde eu piso em terra firme.

Naquelas alturas, o Doutor já sabia disso e deixava que eu me entregasse à danação de ir e vir de uma para outra língua sem interferir, ou melhor, só quando eu submetia uma dúvida a ele.

Mais de uma vez me queixei da dificuldade de levar a bom termo a tarefa e Lacan não deu ouvidos. Sabia da tendência tão humana quanto negativa para a queixa e procedia como o mestre zen, que pode simplesmente não agir ou até dar um pontapé para o discípulo mudar de posição.

A tradução durou nove meses, o tempo simbólico de uma gravidez. Sobre esta eu também ia falar antes do fim da análise.

PARA MATAR A SAUDADE DO BRASIL, eu procedia como outros latino-americanos radicados em Paris: ia para alguma cabine telefônica cujo aparelho havia sido avariado, para falar longamente sem pagar. Assim que uma cabine era reparada, uma pessoa do grupo avariava outra. Tratava-se evidentemente de um roubo, mas isso não passava pela nossa cabeça e, se passasse, nós faríamos pouco. Nos anos 1970, havia entre os jovens de esquerda uma valorização do roubo, que era justificada pelo TQPB, *Tudo que possa prejudicar a burguesia*. Sobre isso eu evidentemente não falava na análise.

Um dia, depois de uma peregrinação por várias cabines, fui para a de Saint-Germain, que estava vazia. Conversei pelo telefone com os amigos e teria saído contente se não tivesse percebido que estava sem o eterno pendente, o olho de vidro. Fiquei boa parte da noite esquadrinhando as ruas. Andei pelo

Boulevard Saint-Germain passando exatamente por onde tinha passado e depois desci o Boulevard Saint-Michel. Mas a busca foi infrutífera. Cadê o meu protetor? Me senti de flanco exposto e me desesperei.

Só dormi às seis da manhã e, no dia seguinte, quase perdi a sessão.

— Diga

— Não tenho nada a dizer porque eu perdi o meu olho

— O quê? O olho?

— O olho de vidro, e sem ele eu não fico aqui

O Doutor não teve dúvidas. Disse que eu devia imperativamente providenciar outro.

— Como assim?

— Telefone para o Brasil. Telegrafe

Saí da sessão mais do que surpresa. Como era possível que o Doutor, um psicanalista, reforçasse a crença no fetiche? Obviamente não era de reforçar que se tratava e sim de evitar a ruptura — *Primo non rompere.* Se a condição para eu ficar era a aceitação da crença, ele só podia aceitar. O Doutor não estava ali para me contrariar e sim para ser o meu analista, e ele sabia que a resistência do analisando encontra mil e um pretextos a fim de se manifestar.

Aprendi com aquela sessão que o diapasão do analista precisa coincidir com o do analisando, para evitar a resistência que ameaça o processo. Por ser difícil suportar o efeito das descobertas que a análise propicia.

Para coincidir comigo, Lacan foi capaz de dizer o que um pai de santo teria dito, ele era um ator que fingia não representar e entrava em qualquer papel que se impunha. Comigo ele se transformou num brasileiro para sustentar a transferência. Decerto fez o mesmo com outros analisandos de outras nacionalidades. Queria que todos tivessem a nacionalidade da análise. No número 5 da Rue de Lille, o dogmatismo não tinha vez porque a prática de Lacan era orientada por uma *douta ignorância*, como ele preconizava.

O APEGO AO OLHO DE VIDRO tinha a ver com a infância. Fui educada na religião católica, mas quem cuidava de mim era a mais carinhosa das babás, cujo mundo era o da cultura popular brasileira e o do sincretismo religioso que fundia as crenças católicas e as oriundas da África. O olho de vidro simbolizava a infância e sem ele eu não podia ficar na França. Acatei a sugestão de Lacan e encomendei outro.

Assim eu me autorizava a ser como a tia de quem eu falei na análise. Contrariando os pais, ela recorreu ao espiritismo depois da morte do filho.

— Tive pena da tia quando ela perdeu o menino. O filho morreu no mar, mergulhou e bateu a cabeça numa pedra. O pai foi identificar o corpo no necrotério. Uma tragédia! No velório, a tia batia no peito e dizia: "Cadê o meu João? Ensinei que tudo a gente podia. Agora eu estou de mãos amarradas. Não posso nada... mais nada". Depois, foi a uma sessão espírita. O médium disse que o menino já tinha cumprido a sua missão na terra: "O espírito de um outro se reencarnou nele para pagar dívidas e agora se desencarnou. Mas o seu filho vai reaparecer".

— Hmm

— A tia se converteu ao espiritismo e era desprezada por isso. À crença dela os pais opunham o eterno *maktub*

Silêncio.

— O que mais?

— Mais que os meus avós emigraram por causa da intolerância religiosa e depois fizeram pouco da tia pela adesão ao espiritismo. Precisava dele para entrar em contato com os mortos, falar com o filho. Os avós foram vítimas da intolerância e se tornaram intolerantes. Como é possível isso?

Lacan me deixou com a pergunta. O importante era ter chegado nela, e eu havia de encontrar uma resposta. Isso aconteceu quando eu entendi que é possível se identificar com o algoz, lendo *História de O*. Além de ser violentada pelo amante, O se sente honrada com a violência.

Lacan, por um lado, não desperdiçava o tempo. Cortava a sessão assim que isso se impunha, no momento oportuno. Por outro lado, sabia dar tempo ao tempo porque confiava no analisando. Assim, ele abria o caminho para cada um se tornar o que de fato era.

No meu caso, isso implicava não só uma aceitação da pele cor de oliva e da afeição pela cultura popular brasileira, porém ainda a aceitação de um corpo que não se ajustava à moda francesa. A preocupação era fútil, mas ousei falar disso na sessão.

— Gosto de assistir aos desfiles de moda. Só que não seria capaz de usar a roupa dos grandes costureiros. Precisaria ter dez quilos a menos

— Hmm

— E não é só isso... Da cintura para cima eu uso 42, da cintura para baixo 46

— A moda então não serve

— Não é feita para quem tem o corpo da Vênus Hotentote

— Hotentote?

— O meu corpo é desproporcional como o dela... na tradição do meu país

Aqui, Lacan me surpreendeu perguntando.

— A senhora talvez possa me dizer de que país se trata

Com isso ele deu a sessão por encerrada e eu saí tão intrigada quanto contrariada. Como era possível que ele me perguntasse de que país se tratava? Qual a razão da dúvida? Nessas alturas, Lacan já sabia que eu havia sido formatada pelo Líbano e pela França, além do Brasil. Talvez me quisesse definitivamente radicada na França, exercendo a psicanálise e traduzindo a sua obra. Mas talvez ele tenha se valido da dúvida para contrariar um dogmatismo que se manifestava através da minha certeza absoluta.

Seja como for, o Brasil era mais o meu país do que os outros, por ser o da língua em que eu sonhava e escrevia e porque, já então, eu precisava da escrita para viver. Possível que uma das razões fortes da transferência com Lacan tenha sido a sua relação poética com a língua. Valia-se desta para criar neologismos e fazer trocadilhos como é usual na cultura popular do meu país. À sua maneira, ele era um brasileiro.

A DÚVIDA DE LACAN me deixou contrariada. Mas, naquela noite, eu tive um sonho curioso em que ele aparecia brandindo uma batuta. Dizia *Piano, piano* e depois *L-pi-L-a-L-no*, pondo a letra *L* antes de cada sílaba, como fazem as crianças.

Ao acordar, associei o *L* com o Líbano e com a infância, que eu passei numa cidadezinha do interior onde os ancestrais moravam entre o comércio, a casa e o jardim. Uma cidadezinha que era o Líbano do Brasil e para a qual não voltei depois de adulta. A análise me propiciou a volta àquele espaço vital.

Os ancestrais haviam se radicado em duas ruas que formavam um L, e nós crianças passávamos de uma para outra casa, a fim de brincar e nos fartar com as frutas secas do Oriente e as especialidades árabes que a avó e as tias preparavam servindo-se das hortaliças do quintal. O dia era feito de amenidades e só a hora de dormir nos contrariava.

Não cheguei a falar da infância na análise, mas depois do sonho eu me dei conta do quão importante ela havia sido. A gente pode se esquecer da infância, mas ela não se esquece da gente. Por isso, o meu avô paterno sonhava com o balido da cabra que existia na sua montanha natal e a avó sempre mencionava "a água da fonte de lá".

Depois da dúvida do Doutor sobre o meu verdadeiro país, eu faltei à sessão. Decerto por não ter suportado a dúvida, que me afastou dele, ou, em termos técnicos, provocou uma *transferência negativa*.

Mais de uma vez eu havia faltado à sessão marcada sem pagar por ela. Com isso, eu não honrava a palavra dada. Por quê? Acaso queria me certificar de que o Doutor havia sentido a minha falta? Talvez.

Não me lembro do que eu disse para Lacan na sessão que se seguiu à falta. Sei que, depois de ter falado e pagado, eu fui surpreendida por ele.

— A que corresponde este dinheiro que a senhora me deu?

— À sessão, ora

— Me dê o dobro

— Como assim?

— O dobro

— Não é possível

— Tem que ser possível, disse ele sem tergiversar

Não tendo saída, eu abri a carteira e paguei. Por que só agora ele me cobrava, quando eu havia deixado de pagar inúmeras sessões? Não havia lógica na cobrança. O que podia ela significar? Andando no quarteirão, eu me lembrei de um roubo cometido no primário.

A professora de inglês tinha giz americano — giz de todas as cores — e eu também queria. Certo dia, na ausência dela, pus o giz na maleta escolar e fui embora com ele. Na manhã seguinte, na hora do recreio, a professora autorizou todos a saírem da classe menos eu. Não explicou o motivo, entregou a aluna à sua consciência.

Como a professora, o Doutor me deixou decifrar a razão da sua conduta. Na realidade, eu devia outras sessões e, se ele tivesse cobrado todas, teria cobrado a dívida real. Ao me pedir o dobro, cobrou uma dívida simbólica, a que eu tinha com a palavra dada. Não se tratava para ele de aplicar um corretivo e sim de dar a entender que eu estava em falta com a lei.

O MOTIVO DA COBRANÇA do dobro eu entendi. Mas não entendia por que sentia prazer em não pagar a sessão e nem o telefonema para o Brasil. O que explicava o prazer de transgredir? Só descobri me lembrando de uma história dos avós imigrantes.

Sabendo que não existia brocado no Brasil, embarcaram no Líbano com o tecido enrolado no corpo para depois vender. Isso era proibido e eles se vangloriavam dizendo que haviam driblado o alfandegário. "O homem registrou com erro o nosso sobrenome. Mas, em compensação, foi enganado por nós."

Como a transgressão foi valorizada, o desejo de transgredir passou a ser também dos descendentes e, mais de uma vez, eu quis transgredir. O Doutor não consentiu mais nisso. Me fez levar em conta o pacto estabelecido para fazer o trabalho.

Foi também depois da sessão do dobro que o tema da maternidade surgiu na análise, através de um sonho. Nele, eu aparecia com dez homens que me cortejavam oferecendo frutas frescas e frutas secas. Nós todos estávamos nas nuvens. Comecei contando isso para o Doutor.

— Juntos, nós eramos onze, formávamos um time de futebol

— Curioso

— Acordei do sonho e me disse que eu queria estar no Brasil

— Isso é óbvio

— O que não é tão óbvio foi a fantasia que eu tive

— Diga

— A fantasia de ter um número de filhos suficiente para formar um time de futebol, dez filhos

— O que mais?

— Não sei... Sonhei com dez porque não posso ter nenhum

— Não pode?

— Porque eu não consigo imaginar o pai da criança

— Isso... é isso aí. Até amanhã

Corte nenhum foi mais significativo. A impossibilidade de imaginar o pai tinha a ver com o desejo de nomear o filho, dar a ele o meu sobrenome. Como deixar que um outro fizesse isso? Como aceitar a condição imposta ao sexo feminino? Conceber o filho a mulher pode, nomear não.

Descobri que a relação conflituosa com o sexo feminino se explicava pela história familiar. Por ser a primogênita de uma família de origem libanesa, eu devia ter nascido homem e não mulher. Quando a mãe me deu à luz, o avô materno se saiu com: "Bela criança, pena que seja mulher". Isso aconteceu no Brasil, em 1944. Mas, na Inglaterra, em 1961, a futura princesa de Gales, Diana, foi vítima de um descaso semelhante. O pai anunciou o nascimento dela sem mencionar o seu sexo, só dizendo que se tratava de "um espécime perfeito da raça humana". Há frases e omissões que bastam para cavar a sepultura alheia.

O meu pai felizmente era feminista e me educou para ser tão competente quanto qualquer homem da geração. Me acompanhava nos estudos e no esporte... *mens sana in corpore sano.* Mas a posição de primogênita me complicava a existência. No imaginário da família extensa, a primogenitura era destinada ao sexo masculino e inconscientemente, para ser amada, eu queria corresponder à expectativa da família na qual havia me criado. A gravidez tornaria o meu sexo biológico evidente e me contrariava. Sem renegar a feminilidade, eu preferia uma certa indefinição sexual.

A maternidade, no meu caso, de natural não tinha nada, precisava ser conquistada, e o tema continuou a insistir na análise. Primeiro se manifestou através da referência à canção de ninar da mãe e depois através do sonho.

Me encontro com uma amiga grávida num ponto de ônibus de Paris. Depois, estou noutro lugar, que eu não reconheço.

Percebo pelas pessoas que é a minha cidade, apesar das ruas estreitas como as dos burgos medievais. Um homem de terno e gravata-borboleta me persegue. A vestimenta dele me surpreendeu porque o dia está quente. De repente, ele me diz que a polícia me procura. A amiga se volta para ele e grita *Vigarista* enquanto eu digo que vou me entregar. Aparece um policial e eu, brandindo um diploma, pergunto: "Acha mesmo que eu sou marginal?".

Conto o sonho na sessão e digo que não entendo por que o policial me persegue.

— Qual o crime que eu cometi?

— Diga

— A amiga do sonho está grávida. O crime tem a ver com isso

— Hmm

— Nós estamos no meu país e o homem de terno e gravata-borboleta é o pai... pela roupa só pode ser um francês. A gravidez, o meu país, o pai francês

Teria ficado em silêncio longamente, se o Doutor não se manifestasse.

— O que mais?

— Acho que eu gostaria de ter um filho franco-brasileiro

— Por que não?

Assim como ele havia dito que para o filho eu inventaria uma canção de ninar, ele agora dizia com a sua pergunta e o corte que a maternidade era possível. Só fazia isso porque o meu desejo de ter um filho havia se expressado.

O desejo era contrário à minha fantasia de ser um homem como se esperava que eu fosse. Noutras palavras, ele subvertia o imaginário, me empurrando para uma posição nova. Isso obviamente só aconteceu graças a uma manifestação do inconsciente no curso da análise. A ideia da *subversão do desejo*, tão cara a Lacan, então fez sentido.

MAS, COMO ME VER NO PAPEL de mãe, quando eu não podia me identificar com as ancestrais, mulheres educadas só para o casamento e a concepção? Uma das tias exigia do ventre um filho homem para se justificar. Novenas e mais novenas para conceber o principezinho, além das promessas. Se recebesse dos céus a bênção de ter um menino, atravessaria a cidade de joelhos.

Além de não me identificar com as ancestrais, fui criada por uma mãe que me fragilizava. A qualquer choro meu ela atendia, ensinando a impaciência e favorecendo o desespero. Podia eu não me considerar fraca, pouco resistente? Também por causa dessa fantasia, a gravidez parecia não estar ao meu alcance.

Mas como não somos só o que imaginamos e a análise existe para que possamos nos reinventar, a sessão em que eu falei da fantasia permitiu que eu tivesse uma consciência nova.

— O que mais?

— A minha mãe nunca imaginou a própria existência sem cuidar de mim. Sempre fez questão de me levar na escola e me buscar. Quando fiz o vestibular para a Faculdade de Medicina, já com dezoito anos, me acompanhou até o exame. Depois de formada, eu saí de casa. Mas ela ia arrumar qualquer outra casa onde eu me estabelecesse... se certificar de que a sua eterna criança estava se alimentando. Sem a criança, mamãe não se concebia

Silêncio.

— Se eu tivesse um filho, deixaria de ser a eterna filha dela...

— Verdade

— Mas de que adianta dizer a verdade?

— O que mais?

— Sempre a mesma pergunta

— Hmm

— Não sei com que forças

— Sim, diga

— Não sei com que corpo eu faria um filho

Aqui o Doutor interrompeu a sessão. Foi então que eu me lembrei da história da mãe e da sua conduta comigo. Antes de me dar à luz, concebeu um menino que se enforcou no cordão umbelical e, em decorrência disso, me superprotegia.

Nunca deixou que eu fizesse qualquer coisa na casa ou na empresa da família. Antes de morrer, meu pai havia ganhado o suficiente para vivermos bem. Mamãe assumiu a gestão dos negócios e incitou as filhas a continuarem no próprio caminho. A mim só cabia estudar.

Talvez por isso eu negligenciasse o dinheiro. O fato é que eu não pus o necessário na carteira antes de ir para a sessão. Já estava na sala de espera quando me dei conta disso.

O Doutor me chamou e eu entrei segurando a carteira vazia.

— O que é isso na sua mão?

— Isso? Um esquecimento

— Como assim?

— Não posso falar nada hoje

— O quê?

— Não posso falar porque esqueci de ir ao banco e vim com a carteira vazia. Não tenho como pagar a sessão

— Bem, então vá ao banco e volte amanhã

Por ter escutado o que eu havia dito, o *Não posso falar*, o Doutor me mandou ao banco. Como eu não me autorizava a falar sem pagar, ele fez o necessário para que eu pudesse me autorizar. Isso também implicava deixar de negligenciar o dinheiro e viver sob as ordens da mãe.

Tudo ali tinha uma lógica que podia ser deduzida do discurso, ainda que, num primeiro momento, a sessão pudesse parecer sem sentido. Por Lacan ter se exercitado incansavelmente na sua prática, a escuta dele era a mais aguçada possível e, por ser tão aguçada, permitia que fizesse sessões de tempo variável.

O fato é que ele não dava ponto sem nó. A questão do dinheiro era central na história de uma família que emigrou sem nada do Oriente Médio para o Brasil e cuja vida começou com a luta insana para conquistar um lugar ao sol, com a mascatagem. Do passado, só a avó paterna falava, fazendo a sátira dos que tinham a ilusão de enriquecer logo na América. Os outros preferiam esquecer as durezas, e eu fui criada como se descendesse de quem sempre teve dinheiro... Noutras palavras, para esquecer o passado trágico da imigração.

Não foi por acaso que, já no primeiro encontro, Lacan quis saber das minhas origens. A cura analítica era para ele equivalente a uma epopeia e o analisando, a um herói. De cada sessão, graças à sua escuta, ele fazia um evento extraordinário. Com a expressão *epopeia subjetiva*, deu à cura analítica uma dimensão que ela antes não tinha. Trata-se de um procedimento análogo ao de Freud que, em 1897, comparou os neuróticos a Édipo e Hamlet, fazendo daqueles heróis de tragédia, quando, na época, eles eram tratados só com remédios ou confinados em sanatórios submetidos a tratamentos violentos. Com o recurso à tragédia, Freud humanizou os neuróticos. A concepção da cura como epopeia é mais um exemplo do retorno de Lacan a Freud.

O DESEJO DE SER MÃE INSISTIA e se expressou novamente num sonho que eu contei para o Doutor depois de ter ido ao banco.

— Sonhei de novo com o meu país... com um culto africano, numa ilha da Bahia onde eu estive

— Estou escutando

— Não adianta falar, o senhor não vai entender nada

— Tem certeza?

— Ou melhor, não vai entender quase nada

— Então fale

— O culto só existe na África e no Brasil. O ritual a que eu assisti torna visíveis os ancestrais dos moradores. Os ancestrais são os Égun ou Égun Baba, que têm o poder de curar

— O poder de curar

— Sim

— O Égún de repente aparece no meio do ritual ao som do atabaque. Vestido só com tiras de veludo e seda paramentadas com espelhos, cauris, guizos, conchas e emblemas, tiras pendentes até o chão e presas em cima da cabeça num capelo. O rosto do Égun fica coberto por uma rede, invisível. Senta num trono para falar. A voz é rouca e cavernosa, parece vinda do além... Quando alguém se queixa de uma dor ou de uma doença, ele responde dizendo o que a pessoa precisa fazer

Silêncio.

— No meu sonho, eu estava sentada na frente do trono e ele fez um sinal para eu me aproximar. Apesar de receosa, me levantei e fui. Ouço ressoar no espaço inteiro a palavra *Seriema* e me encolho de medo

— O que significa *Seriema*?

— Significa ave em tupi-guarani

— Hmm

— Quando eu estou bem perto do Égun, ele diz *Seriema, ema, emi*

— Como?

— Diz *Seriema, ema, emi*

— O que mais?

— Não sei

— Não?

— Minha avó libanesa me chamava de *emi*... significa mãe em árabe

Nesta associação, o Doutor interrompeu a sessão. A palavra *mãe* havia entrado em cena na língua da canção de ninar esquecida. Tratava-se de uma expressão do meu desejo inconsciente de me tornar mãe e não havia mais nada a acrescentar.

Lacan sabia que o inconsciente pode se manifestar em qualquer língua e essa é uma das suas maneiras de driblar a censura. A exemplo disso, a sessão em que o nome impronunciável do pai, o nome árabe — Rachid —, havia ressurgido através de uma palavra francesa: *rat*. Quando a porta está fechada, o inconsciente sai pela janela.

Ademais, Lacan sabia da importância do árabe, no meu caso. Por ter sido a língua na qual os ancestrais diziam o que nós não devíamos saber e ainda por não ter sido transmitida intencionalmente. Uma língua sonegada, pois, no imaginário dos ancestrais, ela de nada serviria no novo país. Ao contrário, podia atrapalhar por causa da xenofobia alheia. Como se a integração dos descendentes implicasse a exclusão do árabe.

A PERSPECTIVA DA MATERNIDADE me atormentava. Não porque eu exigisse do meu ventre um filho homem, mas porque a devoção das ancestrais às suas famílias não era compatível com o que se passava nos anos 1970. Apesar de não ser feminista militante, o meu lugar era o do trabalho e não o da casa como havia sido o da avó, das tias e da mãe. Por outro lado, sempre que eu pensava na história da mãe, eu temia a gestação. Como se a saga do natimorto pudesse se repetir e a falta de sorte se transmitisse de uma para outra geração.

Foi por ocasião de uma ida da mãe para a França que o desejo de me separar dela, ou melhor, do seu passado trágico, se manifestou de forma dramática. Lacan soube me dizer o que eu precisava ouvir na situação. Isso depois de ter escutado o sonho que eu tive no dia seguinte ao da chegada da mãe na França.

O deserto, eu estava inteiramente perdida, sem rumo. De repente ela vem na minha direção dizendo *Minha filha*. A cada passo que a mãe dava para a frente eu dava um para trás, até introduzir uma injeção na veia, enquanto a palavra *Spirochaeta pallida* se escrevia na areia.

— O microrganismo da sífilis

— Sim, mas por quê?

— Diga, estou escutando

— A mãe que me persegue... a palavra *Spirochaeta pallida*... a sífilis que enlouquece

— O que mais?

— Não sei... uma injeção de sífilis na veia... queria ficar louca para escapar da mãe, do natimorto, da impossibilidade de dar à luz... não suporto mais isso — eu então disse, chorando e repetindo que ia ficar louca.

Lacan concluiu taxativamente.

— Ninguém fica louco porque quer

O desejo de escapar pela loucura não significava que isso ia acontecer e eu parei de chorar. Lacan tinha o dom de dizer o que era preciso para que o analisando suportasse as manifestações chocantes do seu inconsciente e pudesse continuar a análise. Sabia o quão difícil o processo é e, sem fazer nenhuma concessão, procurava facilitar o caminho.

A SESSÃO CONTINUOU A TER EFEITOS nos dias que se seguiram e eu me lembrei de uma tia, considerada anormal, cujos dias terminaram num asilo psiquiátrico. Gostava dela pela extravagância, que deve ter sido a razão pela qual foi internada. Na sua geração, o que se esperava de uma mulher de origem árabe era a contenção e, na falta desta, a mulher arcaria com a pecha de louca.

Como a tia, uma geração depois eu sofri na adolescência por causa do arcaísmo da família. Por um lado, havia sido educada para ser uma profissional liberal e ter independência. Por outro, não era dona do meu nariz como mulher. Devia me comportar como as moças da geração anterior e, como eu não cabia nessa saia justa, a relação com meus pais era conflituosa, sobretudo com o pai, que era um feminista ciumento. O amor dele me atemorizava e me deixava órfã.

Não imaginava que, tantos anos depois, o temor ressurgisse numa sessão que poderia ter sido a última, se Lacan não fosse hábil. Depois de quase meia hora na sala de espera, o Doutor me chamou e eu entrei no consultório. Me deitei no divã como sempre. Mas ele não se sentou na poltrona. Foi se aproximando do divã, encostou nele e ficou me encarando.

— Com que direito o senhor está aí de pé?

A pergunta foi feita de modo tão abrupto que ele foi sentar na poltrona, retomou a sua posição e repetiu a pergunta que eu havia feito.

— Com que direito?

— Foi isso mesmo que eu disse

— Hmm — fez o Doutor, decerto percebendo que eu estava às voltas com uma ameaça do passado.

— Se o senhor ficasse seduzido por mim, só me restaria ir embora

Com esta fala, a sessão terminou e eu saí em silêncio, estranhando o que eu havia dito. A função do corte também era a de provocar o estranhamento. Nos dias seguintes, me lembrei da adolescência, das cenas em que havia sido vítima do ciúme do pai. Censurava o meu namoro e chegou a pôr um chicote ameaçador na porta de casa para eu não sair sem autorização e não voltar depois da hora estabelecida. Já naquela época, eu me dizia que a gente sai pela janela quando a porta está fechada e encontrava sempre uma maneira de driblar a ordem.

Pelo fato do Doutor ter se aproximado, contrariando a expectativa, eu vi nele o pai ameaçador e exigi que ele se distanciasse. Eu agora não estava mais às voltas com o nome do pai na sessão, mas com a paixão do pai e o meu complexo de Édipo, que foi determinante na escolha de Lacan como analista. Isso eu só ia descobrir no final da análise, que coincidiria com a volta para o Brasil.

LACAN ME AVISOU QUE NÃO IA TRABALHAR na semana seguinte. Mas, no meio da semana, fui surpreendida por um telefonema dele.

— E então, quando é que você vem?

A surpresa foi tamanha que eu não soube o que responder.

— E então?

— Como o senhor não ia trabalhar, resolvi sair da cidade e já estou de malas prontas. Preciso sair para reler, pela última vez, a tradução de *Os escritos técnicos de Freud*. Mas na segunda-feira eu já estou em Paris

— Bem, minha cara, até segunda

Na volta, fiz uma cópia do texto e levei para a sessão. Pus o manuscrito em cima da mesa de Lacan e me deitei no divã. Contrariando a minha expectativa, ele se limitou a dizer que não era a sua língua e foi sentar atrás do divã.

Como era possível que o Doutor fosse indiferente, quando, ao longo do processo, ele havia se disposto a esclarecer todas as minhas dúvidas? Além do mais, o meu esforço para traduzir o texto havia sido enorme. Tratava-se do primeiro seminário dele traduzido para o português. Me senti injustiçada e me queixei.

— O senhor pouco se importa com os seus analisandos... Inclusive me disseram que nós estamos todos fichados no seu arquivo pelo diagnóstico

— O quê?

— Sim, é isso... rotulados de histéricos, obsessivos, perversos

— Do seu diagnóstico, eu também sei

Lacan respondeu à provocação, não dando sustentação alguma à queixa. Sabia o quão precioso é o tempo e não estava ali para desperdiçá-lo. Mostrando-se indiferente ao manuscrito e dizendo que não era a sua língua, ele deixou claro que a história da tradução era minha e não dele. Minha, como só podia ser, por causa da imigração que, de saída, impôs a passagem de uma língua para outra. Meu bisavô libanês contava que, apesar de pobre, se sentiu rico quando se deu conta de que havia aprendido cinco palavras em português: *pernilongo, pão, leite, água, obrigado...*

Lacan provavelmente ficou contente com a tradução do seu seminário, mas o que de fato importava é que eu fizesse a minha análise. Como todos os grandes, ele não saía do seu papel. Jean-Paul Belmondo não deixou de ir ao teatro para encenar a sua peça no dia em que a filha morreu. O seu desempenho foi impecável, e eu só fiquei sabendo da tragédia pelo rádio ao voltar para casa. Nunca me esqueci da admiração que eu senti naquele dia.

COM A TRADUÇÃO, eu não só aprendi mais o francês, porém também o português. O meu desejo agora era de escrever uma sátira sobre as impossibilidades com as quais eu me vi às voltas na análise. Fui para a sessão falar disso.

— Há na literatura brasileira para crianças uma boneca de pano que faz pouco dos adultos, diz que não aprendem nada e nem mesmo a coisa mais simples do mundo que é o *faz de conta*

— E daí?

— Daí que eu gostaria de escrever uma ficção, fazer de conta… fazer a sátira do que eu disse aqui… dificuldade de aceitar as origens árabes, a cor da pele, o sexo… enfim, um poço de dificuldades. Só mesmo rindo disso tudo

— Hmm

— Sempre gostei do que a boneca de pano dizia. Sonhei com ela e pensei em escrever uma sátira… rir disso tudo

— Você talvez a escreva

Dessa vez, Lacan sustentou o meu desejo me deixando com o *talvez*. Escrever ou não dependia de mim. Agora que a tradução estava feita, eu queria escrever o meu texto na minha língua, um passo que seria decisivo para voltar ao Brasil.

Mas não foi em nome da escrita e sim da necessidade de difundir a teoria psicanalítica que eu primeiro justifiquei a decisão de partir, uma justificativa que me valeu ser chamada de *redentora* pelo Doutor. Talvez por ele saber o quão necessária a psicanálise é num país em cuja formação a figura paterna esteve tão ausente e onde a lei não tem autoridade.

A PALAVRA *REDENTORA* não parou de ressoar me questionando. Por que não me radicar na França? Ou ser a redentora do meu país era o meu destino?

A palavra insistia não só pelo meu apego ao Doutor, mas também porque eu havia encontrado o homem com quem eu depois me casei e que se tornou o pai do meu filho. Por outro lado, não era fácil deixar Paris. Trocar a cidade do Sena por outra cujo rio era imundo e tão malcheiroso que os motoristas fechavam as janelas do carro ao passar pelas suas marginais?

As dúvidas se multiplicavam, embora o meu cartão de residente na França estivesse expirando. Não seria possível ficar muito mais tempo legalmente no país. Nem por isso eu me sentia capaz de tomar a decisão de partir.

Saí de casa para ir ao consultório do Doutor, porém, chegando na Rue de Lille, fiquei dando voltas no quarteirão. Até, de repente, ouvir o meu nome. Quem me chamava era uma loira exuberante.

— O Doutor está te chamando

— O quê?

Lacan tinha me visto e parou o carro, no meio do trânsito, para falar comigo. A loira repetiu o que havia dito e, não sem constrangimento, eu me aproximei do carro.

— Você veio até aqui e não subiu. Volte amanhã a esta mesma hora

Podia não voltar? Lacan se opôs à minha resistência insistindo no seu desejo de que eu fizesse análise. O episódio mostra bem por que ele introduziu na teoria a ideia da *resistência do analista*, que se manifesta quando este deixa o analisando sabotar o trabalho.

Na sessão seguinte, eu falei do cartão de residente e disse a ele que só podia ficar na França se a licença fosse prolongada. Lacan não hesitou em escrever, naquele mesmo dia, para a chefatura de polícia.

Declaro que Betty Milan veio do Brasil para seguir o ensino propiciado pela Escola Freudiana de Paris da qual sou o diretor. Isso desde 1973.
Dada a assiduidade dela, impõe-se a autorização para que a sua estada seja prolongada.

Jacques Lacan

Os dados estavam lançados e eu permaneceria ainda algum tempo. Sempre que eu falava em voltar para o Brasil, o Doutor me enredava nas suas malhas e a sessão terminava com um *Então eu a vejo quando?* ou *Até amanhã*. A separação não era fácil por tudo que havia acontecido ali. Podia não ter conquistado a América, mas havia conquistado a certeza de que na trilha da psicanálise e da escrita eu ia pelo bom caminho.

Pouco antes do fim da análise, eu fui à sessão e disse que precisava me curar de ter que me curar. A resposta foi *Curioso* e eu me lembrei de um analisando que eu encontrava ao ir para o consultório e ao voltar para casa. Sempre no mesmo bar, perto da Rue de Lille.

— O senhor deve ter dito *Curioso* um sem-número de vezes para o analisando que vinha aqui de hora em hora… a análise custou o equivalente a uma floresta, ele transferiu a herança inteira

— Que mais?

— Mais? Já não tenho o que falar

— Sim…

— Sim, o quê? O senhor não se interessa pelo que eu digo. Só pelo que está por dizer

— Verdade. Até amanhã

Lacan fez ouvidos moucos para a provocação. Sabia perfeitamente que a análise estava por terminar e, qualquer deslize, eu ia embora sem ter dito o essencial. A intuição dele permitiu que eu ainda fosse ao 5 Rue de Lille e chegasse a bom porto.

Nem o desejo de voltar para o Brasil e nem a importância da difusão da psicanálise lacaniana haviam convencido o Doutor, que não facilitava a minha partida. Mas eu só pensava em viver na língua materna, a língua do ão. Um desejo que insistia e me pareceu ser um bom argumento para convencer o Doutor. Lacan então não dizia que a língua era um tesouro? Havia inclusive introduzido, na teoria, o *lalangue*, conceito que valoriza a língua própria a cada um. Além disso, quando mostrei o manuscrito da tradução de *Os escritos técnicos de Freud*, ele se limitou a comentar que não era a língua dele. Podia perfeitamente entender que eu desejasse viver na língua do ão.

Voltas e mais voltas no quarteirão antes de subir ao consultório.

O Doutor estava vestido com um paletó listrado de seda e veludo. Usava uma camisa cor-de-rosa que me lembrou o algodão-doce servido na porta do circo.

— A cor da sua camisa me faz lembrar do doce que, na infância, eu comia no circo… e de um outro doce que só existe no meu país

— Como chama?

— Pé de moleque

— Mo-le-que

— Sinônimo de menino arteiro. Um doce que nenhum francês imagina e nenhum conterrâneo meu ignora. Razão para viver no meu país

— Claro

— O senhor concorda sempre, mas não entende. Não quero e não vou mais viver aqui. Na língua francesa, nenhuma palavra me faz sonhar. As palavras do francês são como coisas, eu tropeço nelas, e as do português são translúcidas, como véus... o que eu quero é o véu

— Bem, minha cara, até amanhã

O Doutor se levantou, eu paguei os duzentos francos habituais e saí.

A PALAVRA *VÉU* me fez sonhar, na noite seguinte, com o pai e com a fantasia de odalisca usada, na infância, em mais de um Carnaval. Ao acordar, não entendi por que a odalisca havia aparecido no sonho. Para me lembrar do sultão e das origens orientais do pai? Do seu ciúme doentio? O véu tinha a ver com ele. Sempre me quis velada. Agora a razão pela qual eu havia procurado um analista cuja língua não era a minha estava clara. Precisava de um analista diante de quem eu não pudesse me desvelar inteiramente, por ele não falar o português. Quisesse ou não, eu havia sido objeto do desejo do pai. Paradoxalmente, não havia escolhido o Doutor pelo que ele sabia, mas pelo que ele não podia vir a saber.

Posso não lembrar que Lacan havia sugerido, já na primeira sessão da segunda etapa, que eu fosse fazer análise com uma portuguesa? Intuiu, de saída, que a questão da língua era fundamental. Porém aceitou que eu recusasse a sugestão para evitar a ruptura e, graças a isso, a travessia foi feita.

Depois do sonho, eu comprei a passagem para o Brasil e só fui ao número 5 da Rue de Lille a fim de dizer que voltaria uma única vez para fazer um controle.

— Claro, minha irmã

Lacan não só aceitou a perspectiva da partida, como me chamou de *irmã*.

No controle, com um trocadilho, ele ia me dar o seu aval para continuar a exercer a psicanálise onde eu quisesse.

Fui ao controle para falar da senhorita Y, analisanda minha cuja análise havia sido interrompida devido à minha partida. Y era alcoólatra e eu a presenteei, na sua última sessão, com uma garrafa de *Chateauneuf du Pape*. Tratava-se de um ato aberrante, considerando-se a regra da abstenção, segundo a qual o analista deve se abster de qualquer tipo de atividade que não seja a de interpretar. Embora pudesse justificar o meu ato, temia o controle. Cheguei a pensar que ia ser expulsa da Escola Freudiana de Psicanálise, como já havia sido da Sociedade Brasileira.

Comecei dizendo a Lacan que a regra da abstenção — como todas as outras — precisava ser considerada à luz de cada caso, e passei a falar de Y. A senhorita me procurou porque a analista anterior, que não a impedia de ir bêbada à sessão, a pôs no olho da rua.

Y me disse que tinha dificuldade em falar e por isso bebia, estabelecendo uma relação clara entre a palavra e a bebida. Não era uma alcoólatra que precisava sair do cinema, no meio do filme, para beber, mas se dizia "capaz de beber até o desgosto... esvaziar uma garrafa inteira de qualquer coisa". A mãe era médica e só acreditava em remédio. O pai exigia continuamente que Y se calasse, e ela imaginava que isso podia se repetir comigo "por não ter feito o luto da outra analista e fazer continuamente menção a ela". O que Y mais desejava era conseguir falar sem beber.

Havia, por um lado, o imperativo do pai, o *Cala-te*, que fazia engolir a palavra em seco, e, por outro, a bebida, que abria a comporta da palavra. Bebendo, Y podia falar sem desobedecer ao pai — porque não era ela e sim a bêbada que falava. Como e quando deixaria de ser objeto do desejo paterno para se tornar sujeito do próprio desejo?

Um dia, Y me contou que ingeria, na infância, sem discriminação alguma, qualquer bebida que encontrasse na geladeira. Me ocorreu que talvez pudesse se livrar do alcoolismo se fosse capaz de degustar. Qual não foi a minha surpresa quando, no penúltimo encontro, ela me disse que havia sonhado comigo e, no sonho, eu lhe oferecia uma garrafa de vinho, "uma grande marca brasileira". O desejo expresso, no sonho, confirmava a minha hipótese. Uma grande marca de vinho existe para ser degustada.

O ato de degustar difere do ato de beber. Tive a ocasião de constatar isso nas caves da França. O verdadeiro degustador prova o vinho e cospe, antes de falar da aparência do mesmo, do aroma, do gosto... A degustação é indissociável do discurso e era razoável imaginar que, através da degustação, Y abandonaria a posição em que estava para, enfim, conseguir falar sem beber. Resolvi presenteá-la, na sua última sessão comigo, com um enigmático presente, na esperança de que Y tentasse decifrá-lo e, se preciso, fosse ver uma terceira analista.

Não fui expulsa da Escola Freudiana de Paris por não ter obedecido à regra da abstenção. O meu ato era aberrante do ponto de vista da regra mas não da teoria analítica, que espera da prática a sua renovação. A partir da sessão do Chateauneuf du Pape, Y não se embebedou mais, conforme ela me disse posteriormente.

O trocadilho com o qual o Doutor se despediu de mim depois do controle foi:

— *Vous avez de la bouteille*

Bouteille é garrafa, e o significado da expressão é "a senhora tem cancha". Com o trocadilho, ele me deu o aval de que eu precisava para recomeçar a vida no Brasil. De surpresa em surpresa, a travessia foi feita.

Mais de quatro décadas já se passaram e o sentimento é de que tudo aconteceu ontem, porque a modernidade estava no número 5 da Rue de Lille. Ali a resistência ao desejo podia ser vencida e a vida, reinventada. Lacan não aceitava que o tempo fosse desperdiçado, mas acolhia sempre quem estivesse disposto a se analisar e a renunciar ao gozo da ignorância. Valeu ter atravessado o oceano "como se fosse descobrir a América" para encontrar o meu caminho. Sou dos que tiveram o privilégio de acreditar no Doutor.

Agradecimentos

A Jean Sarzana, que me instigou a escrever este livro.
A Maria Lúcia Balthazar, que esteve à minha escuta do começo ao fim do texto, ensejando a sua realização.
A Rosemary Zuanetti pela preparação do texto e pelas sugestões pertinentes.
A Juliana Freire e Clarice Zahar pela revisão primorosa.

1ª EDIÇÃO [2021] 3 reimpressões

ESTA OBRA FOI COMPOSTA POR MARI TABOADA EM DANTE PRO E IMPRESSA EM OFSETE PELA GRÁFICA PAYM SOBRE PAPEL PÓLEN BOLD DA SUZANO S.A. PARA A EDITORA SCHWARCZ EM JUNHO DE 2022